MAREN SCHNEIDER

Buddhas Anleitung für eine glückliche **Partnerschaft**

Inhalt

Vorwort 5

Der buddhistische Weg der Liebe

Mit Buddhas Hilfe zur glücklichen
Beziehung 8
  Buddhas Weg zum Glück 9
    Die Ursachen von Leid 9
    Hindernisse des Glücks 10
    Anhaftung und Ablehnung 11
    Der Irrtum von Ich und Du 13
  Partnerschaft als Weg 15
    Was erwartet Sie in diesem
    Buch? 17
  Bausteine des Glücks 18
    Buddhistisches Geistestraining 18
Buddhas Definition von Liebe 20
  Die Kraft der Enttäuschung 20
  Der Liebeshandel 22
  Das Kennzeichen wirklicher
  Liebe 23
Paarbeziehung als Weg
persönlicher Entwicklung 25
  Achtsamkeit – der erste Schritt
  zu uns selbst 25

  Merkmale der Achtsamkeit 26
Beziehungsstabilisator
Meditation 28
  Eine tiefe Verbindung schaffen 29
  Richtiges Üben 30

Basis schaffen und Vertrauen entwickeln

Zweifel – das schleichende
Beziehungsgift 34
  Vertrauenskrisen als Chance
  nutzen 34
  Das Herz öffnen und
  Großzügigkeit üben 42
  Energiesparmodus Akzeptanz 44
  Die Kraft der Meditation 48
    Die klassische Atemmeditation 49

Ausgleich und Stille finden

Unruhe – die permanente
Ablenkung vom Wesentlichen 54
  Störfaktor Partner? 55

Das Gummibandsyndrom....... 55

Wege aus der Unruhe 57

Zeiten des Alleinseins
wahrnehmen 57

Zeiten der Gemeinsamkeit
einrichten 62

Die Praxis des Lojong 65

Regenerieren durch Meditation .. 71

Freude und Glück nähren

Im Klammergriff der Trägheit 74

Die Furcht vor Veränderung...... 74

Die eigene Trägheit aufspüren ... 75

Wege aus der Trägheit 79

Achtsam aus dem
Profimodus aussteigen......... 79

Aktiv Augenblicke des
Glücks entdecken 83

Begeisterung entwickeln........ 86

Die Liebe neu entdecken 88

In Balance bleiben

Suchtfaktor
unersättliches Verlangen 92

Verlangen macht blind 92

Selbstbestimmung ist möglich .. 93

Wege aus typischen
Beziehungsproblemen 96

Herausforderung
unerfüllbare Erwartungen....... 96

Herausforderung Aggression
und Missverständnisse........ 109

Herausforderung Eifersucht 123

Herausforderung Machtspiele
und Konkurrenzkämpfe........ 136

Liebe und Mitgefühl kultivieren

Ablehnung: permanenter
Protest im Geiste 144

Im Griff des Ego 144

Wege aus Ablehnung und
Widerwillen 146

Innere Fülle durch
Mitgefühl erlangen 146

Die Hoffnung auf
Ergebnisse aufgeben........... 151

Die Kunst des Gebens
und Nehmens................ 152

Übung in liebender Güte:
Tonglen.................... 153

Die Kraft der inneren
Einstellung 155

Zum Nachschlagen

Bücher und Adressen,
die weiterhelfen.............. 156

Register..................... 158

1

2

3

4

5

6

Wonach suchst du?

Nach Glück, Liebe, Seelenfrieden?

Suche nicht am anderen Ende der Welt danach,

sonst wirst du enttäuscht, verbittert

und verzweifelt zurückkehren.

Suche am anderen Ende deiner selbst danach,

in der Tiefe deines Herzens.

[Drukpa Rinpoche | *tibetischer Meditationsmeister*]

Vorwort

Irgendwann gerät jedes Paar in Situationen, in denen es die Beziehung infrage stellt und Kurskorrekturen notwendig werden. Doch können wir eingefahrene Beziehungsmuster verändern? Gibt es eine realistische Chance, als Paar langfristig wirklich glücklich zu sein? Sicherlich nicht, solange wir erwarten, dass der andere uns glücklich machen und sich für uns ändern soll. Doch sind wir bereit, unser Glück in die eigenen Hände zu nehmen, dann garantiert!

Mithilfe von Buddhas Lehre der Liebe entwickeln wir ein offenes Herz, die Bereitschaft, geduldig zu sein, zu verzeihen, aufrichtig Verantwortung zu übernehmen und immer wieder aufeinander zuzugehen, auch wenn es uns schwerfällt. Buddhas Weg ist der Weg der Achtsamkeit und der Meditation, der tiefe Weisheit, Liebe und Mitgefühl in uns hervorbringt.

Die Lehren Buddhas haben mein Leben so positiv verändert, dass ich Ihnen zeigen möchte, wie Sie mit deren Hilfe auch in Ihrer Beziehung wieder mehr Tiefe und Glück erlangen.

Der buddhistische Weg der Liebe

1

→ Mit Buddhas Hilfe lernen wir uns selbst besser kennen; wir erfahren, was es mit unserem Selbstbild auf sich hat und wie wir aus unserem selbst geschaffenen Leidenskreislauf herauskommen können. Mithilfe von Achtsamkeit und Meditation gelingt es uns, liebevoller miteinander umzugehen und unsere Beziehung reicher und glücklicher zu gestalten.

Mit Buddhas Hilfe
zur glücklichen Beziehung

Aus irgendeinem Grund ist dieses Buch in Ihre Hände gelangt. Vielleicht haben Sie es von einer guten Freundin zum Geburtstag geschenkt bekommen, fiel es Ihnen im Buchladen ins Auge oder lag einfach auf dem Küchentisch eines Freundes herum.

Nun, da Sie es aufgeschlagen haben, scheint die Thematik für Sie von Bedeutung zu sein. Mag sein, dass Sie sich unterschwellige Sorgen um Ihre Partnerschaft machen oder gerade eine ernsthafte Beziehungskrise erleben und sich die Frage stellen, ob Sie bleiben oder gehen sollten. Vielleicht haben Sie sich auch getrennt oder wurden verlassen und müssen erkennen, dass Ihre Beziehungen immer wieder nach dem gleichen Muster ablaufen und scheitern. Das ist schmerzlich und frustrierend.

Aus eigener Erfahrung weiß ich, wie schwer es ist, in der Liebe glücklich zu werden. Auch ich scheiterte viele Male, bis mir klar wurde, dass ich erst einmal eine gesunde, glückliche Beziehung zu mir selbst aufbauen musste, anstatt andere für mein Glück verantwortlich zu machen. Ich zog mich eine Zeitlang zurück, um durch das Alleinsein zu mir zu finden.

Nach rund zwei Jahren fühlte ich mich wieder in meiner Mitte und beschloss, diese gewonnene Stabilität in einer Beziehung auszuprobieren. So traf ich meinen jetzigen Partner, und unsere Beziehung wurde zu einem tiefen Entwicklungs- und Heilungsprozess, der uns beide bis an unsere Grenzen fordert und uns lehrt, uns immer tiefer füreinander zu öffnen und mit Schwierigkeiten in konstruktiver und heilsamer Weise umzugehen. Mehr als einmal zweifelte ich und wollte flüchten – wie ich es früher immer getan hatte. Doch ich blieb und erlebe dadurch jeden Tag das Geschenk der Heilung und der Liebe, die sich zwischen zwei Menschen entwickelt und immer wieder erneuert, die sich nicht aufgeben. Die Basis dieser Arbeit ist der Buddhismus. Buddhas Lehren helfen uns dabei, uns innerhalb der Beziehung weiterzuentwickeln, Verantwortung für unser Leben zu übernehmen und den wirklichen Ort des Glücks zu finden: uns selbst.

Buddhas Weg zum Glück

Buddha empfahl, alles, was uns im Leben begegnet, als Übungspraxis der Liebe anzusehen und zur Schulung unserer positiven Fähigkeiten zu nutzen. Es mag einem merkwürdig vorkommen, dass gerade ein asketischer Mönch über die Liebe lehrte, doch Buddha kannte die Schwierigkeiten des Beziehungsalltags. Vor seiner Zeit als Mönch hatte er lange im Familienverbund gelebt, war verheiratet und Vater eines kleinen Sohnes gewesen. Die meisten seiner Schüler, die mit ihren Anliegen zu ihm kamen, waren Laienpraktizierende, lebten in Familien und Beziehungen und gingen ihrer täglichen Arbeit nach. Sie brauchten konkrete Unterstützung für ihren Alltag, und Buddha passte seine Empfehlungen immer den Bedürfnissen seiner jeweiligen Zuhörer an. So können wir noch heute aus einem Schatz von alltagsbezogenen Anregungen schöpfen, die es uns ermöglichen, glückliche Beziehungen voller Kraft und Inspiration zu leben. Der buddhistische Weg zum Glück ist der Weg der Liebe, der Balance und des Mitgefühls. Aber warum leiden wir eigentlich?

Die Ursachen von Leid

Irgendwie setzen wir in Sachen Glück immer auf das falsche Pferd: Wir sehen das Glück darin, unser Leben perfekt zu gestalten, den richtigen Partner an der Seite zu haben, tolle Kinder großzuziehen und erfolgreich im Beruf zu sein. Sind wir unglücklich, machen wir reflexartig unsere Lebensumstände oder Umgebung dafür verantwortlich.

Wir sind der festen Überzeugung, wir bräuchten sie nur zu verändern, indem wir mehr Geld verdienen, unsere Kinder auf eine andere Schule schicken, zehn Kilo abnehmen – und dann wären wir wieder glücklich. Doch die Rechnung geht nicht auf, denn äußere Umstände haben nur einen kleinen Anteil an unserem Glück oder Unglück.

Wir leben in einer Welt, in der sich alles permanent verändert, ob wir das wollen oder nicht. Unser neuer Partner wird uns früher oder später enttäuschen, der Job irgendwann stressig oder langweilig, wir werden nicht nur wieder zunehmen, sondern auch altern, und unsere Kinder werden erwachsen und tun, was sie wollen.

Unser Glück, das wir an vergänglichen Dingen festmachen, über die wir uns meist auch noch definieren (siehe Seite 13), ist daher immer nur ein vorübergehender Zustand und schlägt ganz schnell wieder um in Schmerz und Leid. Zwar erfahren wir eine gewisse kurzfristige Erleichterung oder Zufriedenheit, wenn wir etwas im Außen verändern, doch dies ist nie von Dauer.

> Wir versuchen, uns die Dinge zurechtzulegen
> und dem Geschehen
> immer einen Schritt voraus zu sein,
> statt zu spüren, wie die Dinge wirklich sind.

[Jon Kabat-Zinn | *amerikanischer Meditationslehrer*]

Hindernisse des Glücks

Die buddhistische Psychologie benennt konkret fünf geistige Hindernisse, die es uns schwer machen, unser Leben und unsere Beziehungen in Glück und Leichtigkeit zu leben. Es sind die geistigen Tendenzen Zweifel, Unruhe, Trägheit, Gier und Ablehnung. Sie zeigen sich beispielsweise dadurch, dass wir daran zweifeln, ob unser Partner wirklich unser Vertrauen verdient. Oder dass wir nicht wirklich »Ja« zu ihm sagen wollen und voller Unruhe nach einem möglicherweise besser geeigneten Kandidaten Ausschau halten. Statt uns aktiv um Konfliktlösung oder gemeinsame Aktivitäten zu bemühen, hängen wir träge vor dem Fernseher oder geben dem starken Verlangen nach einem Abenteuer außerhalb unserer Beziehung nach. Fordert unser Partner, dass wir unser Verhalten ändern oder zumindest mit ihm darüber reden, reagieren wir mit deutlichem Unmut.

Solange uns diese geistigen Hindernisse nicht bewusst sind, schaden wir uns zwangsläufig selbst und behindern jeden Entwicklungsprozess. Jedes dieser Hindernisse kann in eine treibende Kraft umgewandelt werden – vorausgesetzt, wir erkennen es in der jeweiligen Situation und sind uns seiner bewusst. Erst dann können wir uns entscheiden, Gegenmaßnahmen zu ergreifen – wie, erfahren Sie ab Seite 34.

Anhaftung und Ablehnung

Um so schnell wie möglich wieder in einen Glückszustand zurückzugelangen, springen wir auf alles an, was uns angenehm erscheint, versuchen es zu bekommen und festzuhalten. In der buddhistischen Psychologie nennt man das Anhaftung. Wenn jedoch etwas Schmerz oder Leid verspricht, tun wir alles dafür, um es uns möglichst vom Leib zu halten oder es aus unserem Leben zu verbannen. Die buddhistische Psychologie nennt das schlicht Ablehnung.

Doch die Wirklichkeit ist kein Wunschkonzert: Wir bekommen, was wir nicht haben wollen. Wir wollen, was wir nicht bekommen können, und haben wir etwas, das uns wichtig ist, können wir es nicht dauerhaft halten. Das macht unser Glück zu einer ziemlich zerbrechlichen Angelegenheit. Ständig schwanken wir von einem Zustand in den anderen. Das gilt für alles im Leben, und natürlich auch für die

Partnerschaft (siehe Seite 20). Da haben wir endlich den Mann oder die Frau unseres Lebens kennengelernt, sind ganz hin und weg vor Glück, und schon machen wir uns Sorgen, ob er oder sie bei uns bleibt. Besitzansprüche, Verlustangst und Eifersucht treten auf den Plan. Unsere Freude, unser Glück sind dahin und damit auch all unsere Gelassenheit. In dem Versuch, unser Glück zu sichern, benehmen wir uns meist sehr egoistisch und destruktiv. So lösen wir eine Kette von Reaktionen und Gegenreaktionen aus und verstricken uns in einem Knäuel von Ursache und Wirkung, das uns in einem endlosen Kreislauf aus Leid gefangen hält. Wir schreien herum, knallen Türen, doch besser geht es uns dabei nicht. Stattdessen verhärten sich die Fronten immer mehr, und wir erleben eine Flut schmerzhafter Gefühle wie Angst, Wut, Hass und Verzweiflung.

Leiden übt auf uns paradoxerweise eine große Faszination aus. Wir haben eine Schwäche für Dramen und Thriller. Warum sonst kauen wir immer und immer wieder quälende Situationen durch, die schon lange erledigt sind? Statt uns zu freuen, dass schmerzvolle Erfahrungen vorbei sind, und das Jetzt zu genießen, bleiben wir am vergangenen Leid kleben und beschweren damit den Augenblick.

Weisheitsgeschichte

Ein Meister sprach zu seinem Schüler: »Der Haupt-grund, warum viele Menschen so unglücklich sind, ist, dass sie eine erstaunliche und offensichtliche Befriedigung aus ihren Leiden erlangen. Als ich auf einer nächtlichen Bahnfahrt im Liegewagen schlief, war es mir gänzlich unmöglich einzuschlafen, da ein Mitpassagier dauernd ›Ich bin so durstig …!‹ stöhnte. Da gab ich ihm etwas zu trinken, und der Mann trank dankbar. Doch kaum lagen wir alle wieder in unseren Betten, hörte ich ihn erneut stöhnen ›Ach je, war ich durstig … ich war ja so durstig …!‹«

Der Irrtum von Ich und Du

Eine wichtige Ursache, weshalb wir leiden, ist unsere Vorstellung von einem eigenständig existierenden Ich oder Selbst. Es tritt in Erscheinung durch Selbstbezogenheit beziehungsweise Egoismus und blockiert die Quelle des wahren Glücks: Liebe und Mitgefühl. Doch was ist an dieser Selbstbezogenheit eigentlich so verkehrt? Mit dem Selbst wird im Buddhismus eine künstlich von uns erzeugte Vorstellung einer eigenständigen Identität bezeichnet, an die wir uns klammern und die wir versuchen krampfhaft aufrechtzuerhalten und zu schützen. Natürlich sind wir jemand, doch wer wir in letzter Dimension wirklich sind, können wir mit unserer beschränkten Sicht auf die Wirklichkeit nicht erfassen. Also haben wir mit der Zeit eine Idee von uns erschaffen, eine Vorstellung von einer getrennt von anderen existierenden Identität, sodass wir die Welt und ihre Wesen aufspalten in Ich und Du. Dadurch machen wir es uns schwer bis unmöglich, anderen Menschen wirklich nahe zu sein.

Albert Einstein sagte dazu: »Der Mensch ist ein Teil des Ganzen, das wir ›Universum‹ nennen, ein in Raum und Zeit begrenzter Teil. Er erfährt sich selbst, seine Gedanken und Gefühle als getrennt von allem anderen – eine Art optische Täuschung des Bewusstseins. Diese Täuschung ist wie ein Gefängnis für uns, das uns auf unsere eigenen Vorlieben und auf die Zuneigung zu wenigen uns Nahestehenden beschränkt. Unser Ziel muss es sein, uns aus diesem Gefängnis zu befreien, indem wir den Horizont unseres Mitgefühls erweitern, bis er alle lebenden Wesen und die gesamte Natur in all ihrer Schönheit umfasst.«

Was ist unser Selbst?

Wir definieren unsere Identität über unseren Beruf, unsere Wertvorstellungen, unseren Partner, unsere Kinder, unser gesellschaftliches Ansehen, unseren Status, unseren Freundeskreis, unsere Religionszugehörigkeit. Und wir verwenden viel Zeit, Geld und Energie darauf, all diese Faktoren, die unser vermeintliches Selbst ausmachen, aufrechtzuerhalten. Werden wir gefragt, wer wir sind, antworten die meisten mit ihrem Berufsstand: »Ich bin Steuerberaterin«, »Ich bin Lehrer«. Doch wer bleibt übrig, wenn wir unseren Job verlieren? Wer sind wir dann? Nehmen Sie in Gedanken immer mehr Faktoren, über die Sie sich selbst definieren, weg – was oder wer bleibt dann übrig? Eine typische Frage, die Meditationsschülern gestellt wird, lautet: »Wer ist Ich? Wer ist dieses Selbst? Was für eine Farbe, Form oder Konsistenz hat es?« Ist dieser Zellhaufen, den wir hegen und pflegen und unseren Körper nennen, wirklich unser Selbst? Horchen Sie in Ihr Inneres: Sind Ihre von Natur aus flüchtigen Gedanken Ihr Selbst? Ist es Ihr Beruf, Ihr Status, Ihre Kinder? Wo auch immer Sie hinschauen und ein festes Selbst suchen, Sie werden nichts finden, das sich als wirklich eigenständig von anderen Umständen existierendes, zu Ihnen gehörendes Selbst fassen lässt. Es ist nur eine traumgleiche Idee, ein selbst geschaffenes Konstrukt, eine Fantasie, zusammengesetzt aus Vorstellungen und äußeren Gegebenheiten.

Die Ursache unserer Schwierigkeiten

Aus diesem Irrglauben an ein existierendes Selbst und unserem permanenten Bestreben, dieses Trugbild aufrechtzuerhalten, resultieren all unsere Verstrickungen, Ängste und Unsicherheiten und auch all unsere Schwierigkeiten im Außen mit unserer Familie, unseren Freunden, Kollegen und unserem Partner.

Wir streiten, da wir uns in unseren Ansichten, Vorstellungen und Überzeugungen angegriffen fühlen und diese zu verteidigen suchen. Dabei geht es uns selten um die Sache, sondern vielmehr um unser eigenes Ansehen. Denn wir kleben an unseren Meinungen, Ideen und Vorstellungen über uns selbst und die Wirklichkeit und fühlen uns in unserem Selbst angegriffen, sobald jemand daran rüttelt.

> Es gibt nur eine **falsche** Sicht
> der **Dinge**: der Glaube,
> meine Sicht sei die einzig **richtige**.

[Nagarjuna | *buddhistischer Meditationsmeister*]

In der buddhistischen Lehre geht es darum, dieses Anhaften an unserer Vorstellung von einem festen Ich aufzulösen. Keine Sorge: Sie als Person lösen sich dabei nicht auf, es lockert sich nur Ihr zwanghaftes Kleben an sich selbst und Ihrem eigenen, beschränkten Glück. Sobald wir zulassen, dass die Wirklichkeit mehr ist als das, was wir aus unserem Blickwinkel sehen, und dass wir wesentlich mehr sind als unser Beruf oder der Partner unseres Partners, hört unser Kämpfen zur Sicherung unseres Territoriums auf. Wir können andere Menschen so sein lassen, wie sie sind, weil wir uns nicht mehr permanent bedroht fühlen. Wir nehmen uns nicht mehr so übermäßig wichtig und wenden uns auch anderen Meinungen, Ideen und Menschen zu. Erkennen wir unser Selbst als Traumbild, lösen sich unsere Selbstbezogenheit und unsere Probleme auf. Die fünf geistigen Hindernisse machen diesen Prozess jedoch unmöglich. Es ist wichtig, sie in unserem Leben zu identifizieren, damit wir uns weiterentwickeln und unsere Selbsttäuschung auflösen können.

Im Buddhismus geht es nicht darum, jemand anderer zu werden, damit man endlich glücklich sein kann, es geht darum, immer echter zu werden und sich von künstlichen Fassaden zu verabschieden.

Partnerschaft als Weg

Doch ist Leiden nicht normal? Lässt sich dauerhaftes Glück überhaupt erlangen? Das war auch Buddhas brennende Frage, und er fand heraus: Wirkliches Glück ist nicht im Außen zu finden. Es hängt von unserer Einstellung, von unserer Weisheit im Denken und Handeln ab. Wenn wir also die Lösung unserer Probleme bisher im Außen gesucht haben, etwa darin, dass wir bei Schwierigkeiten am Arbeitsplatz den »unfähigen« Chef dafür verantwortlich machten oder bei Problemen in der Beziehung erwarteten, dass sich unser Partner ändert, wird durch Buddhas Erkenntnis die Lösung in unseren eigenen Zuständigkeitsbereich verlagert: unseren Geist. Wir sind also keine Opfer der Umstände, sondern können unser Glück selbst in die Hand nehmen!

Eine Partnerschaft ist ein ideales Übungsfeld, um persönlich zu reifen, da wir gerade hier immer wieder an unsere Grenzen von Geduld, Liebe und Mitgefühl kommen. Wir brauchen ein Gegenüber, um uns zu entwickeln, unsere Selbstbezogenheit aufzuweichen und zur Vollkommenheit zu reifen. Auf diese Weise werden wir gegenseitig zum Entwicklungshelfer des jeweils anderen, weil wir unsere Fehler und Eigenheiten im Partner erkennen können und so erfahren, dass jede Schwierigkeit in der Beziehung in erster Linie immer etwas mit uns selbst zu tun hat. Die Arbeit muss also bei uns beginnen, und der Buddhismus gibt uns geschickte Methoden an die Hand, mit diesen Schwierigkeiten umzugehen, uns zu entwickeln und unsere Liebesfähigkeit und unsere Weisheit freizulegen.

Weisheitsgeschichte

Einst kam ein Wanderer des Weges und traf einen Schäfer. »Wie wird das Wetter heute?«, fragte er den Hirten. »So, wie ich es gerne habe«, antwortete ihm dieser. »Woher wisst Ihr, dass das Wetter so sein wird, wie Ihr es mögt?«, rief der Wanderer erstaunt. »Ach wisst Ihr«, meinte der Schäfer mit einem Lächeln, »ich habe die Erfahrung gemacht, dass ich nicht immer das bekommen kann, was ich gerne möchte. Also habe ich gelernt, immer das zu mögen, was ich bekomme. Aus diesem Grund bin ich ganz sicher: Das Wetter wird heute so sein, wie ich es mag!«

Was erwartet Sie in diesem Buch?

In diesem Ratgeber widmet sich jedes Kapitel einem der fünf geistigen Hindernisse und den daraus resultierenden typischen Beziehungsproblemen. Dabei stelle ich Ihnen entsprechende Herangehensweisen vor, mit denen Sie die schwierigen Situationen entschärfen und in eine langfristig befriedigendere Richtung lenken können. Als wichtigste Werkzeuge auf dem Weg zum Glück werden Sie Achtsamkeit und Meditation kennenlernen, die ich Ihnen ab Seite 25 vorstellen möchte und die im weiteren Verlauf des Buches anhand von praktischen Beispielen und Übungen alltagsbezogen vertieft werden. Mithilfe der Übungen können Sie das Gelesene entweder noch einmal reflektieren oder in Ihrem Alltag ausprobieren. Ich möchte Sie anregen, sich dafür ein Notizbuch anzuschaffen, denn erfahrungsgemäß hilft das Schreiben bei der Reflexion. Durch das Umsetzen der Empfehlungen und Übungen im Buch erhalten Sie mit der Zeit die Fähigkeit, sich selbst besser zu verstehen, Reaktionsmuster zu erkennen und Schwierigkeiten konstruktiv anzugehen. Selbst ein festgefahrenes, krisengeschütteltes Beziehungsleben lässt sich so wieder aktiv in eine positive Richtung lenken und glücklich, liebend und nährend gestalten.
Bestmögliche Erfolge erzielen Sie, wenn auch Ihr Partner bereit ist, an der Beziehung zu arbeiten. Grundsätzlich ist es allerdings immer nur die eigene persönliche Arbeit, die jeder für sich leisten kann.

Alleine oder zu zweit?

Es geht im Buddhismus nicht darum, den Partner unseren Vorstellungen entsprechend zu verändern, damit er uns endlich glücklich macht, sondern darum, unser eigenes persönliches Verhalten, Erleben, Denken und Handeln zu reflektieren und in eine heilsame und förderliche Richtung zu lenken. Darum wird dieser Weg selbst dann Erfolge zeigen, wenn Sie der Einzige sind, der an sich arbeitet. Auch wenn sich nur einer der Partner verändert, verändert sich die komplette Beziehung. Warum? Ihre Reaktionen werden anders sein als sonst. Damit wird auch Ihr Partner anders auf Sie reagieren, und das wird unweigerlich zu anderen Ergebnissen und Erfahrungen führen.

Wenn Sie und Ihr Partner mögen, beschreiten Sie gemeinsam diesen Weg. Üben Sie zusammen und auch getrennt, jeder in seinem Maße, und tauschen Sie sich über Ihre Erfahrungen aus. Den Weg zusammen mit dem Partner zu gehen, kann sehr bereichernd sein, denn Sie können sich gegenseitig unterstützen und inspirieren. Außerdem nähren Sie dabei Ihr gegenseitiges Verständnis und Ihre Zuneigung. Die gemeinsame Arbeit mit diesem Buch wird sich sehr positiv auf Ihre Beziehung auswirken, probieren Sie es aus!

Bausteine des Glücks

Welche Art von Übungen sind es, die Ihren Beziehungsalltag verändern werden? Unsere gewöhnliche Jagd nach Glück hält uns in einem beständigen selbstbezogenen Kreislauf von Anhaftung und Ablehnung gefangen (siehe Seite 11). Durch die Übung in Achtsamkeit und Meditation treten wir aus diesem Kreislauf heraus und öffnen uns einem bewussteren Leben, das von Wertschätzung, Akzeptanz, Offenheit und Verständnis geprägt ist. Diese positiven Eigenschaften sind die Basis dafür, dass wir uns wieder als Paar begegnen können.

Buddhistisches Geistestraining

Achtsamkeit und Meditation brauchen tägliche Übung, damit sie in unserem Leben wirken können (siehe ausführlich ab Seite 25). Es ist ein buddhistisches Geistestraining, mit dem Sie Ihre Wahrnehmung und den bewussten Umgang mit Ihren Gedanken schulen. Denn erst indem wir die Wahrnehmungen unserer Sinne durch Gedanken bewerten, kreieren wir unsere persönliche Form der Wirklichkeit. Ob wir etwas toll finden oder abschreckend, daraufhin Glück empfinden oder Leid, das geschieht nicht irgendwo außerhalb von uns, sondern nur in unserer eigenen Wahrnehmung (siehe Seite 38).

Wenn wir uns angegriffen fühlen, blasen wir voller Zorn zum Angriff und verteidigen unser Territorium, um uns vor Verletzung zu schützen. Oder wir machen innerlich dicht, klappen zu wie eine Auster, wiederum nur aus Angst, verletzt zu werden. Wir strafen den anderen mit kühler Distanz in der Erwartung, dass es uns dann besser geht. Doch darauf hoffen wir vergebens. Wir werden nur noch trauriger, noch ärgerlicher und bekommen noch mehr Angst. Da sitzen wir nun hinter unserer inneren Mauer und fühlen uns vom anderen getrennt. Sich verschließen, dichtmachen, Widerstand aufbauen, aber auch offene Aggression ausagieren – all das tut weh.

Der buddhistische Weg des Glücks ist ein geistiges Training. Es bildet unsere Fähigkeit aus, vollkommen offen dafür zu werden, die Geschehnisse im Außen und im Innen ohne Angst oder Widerstand wahrzunehmen und sie dann wirklich von ganzem Herzen anzunehmen. Anstatt uns wie gewöhnlich bei Problemen zu verschließen, üben wir uns darin, uns immer aufs Neue den Geschehnissen zu öffnen. Darüber kommen wir wieder in Kontakt mit uns und unserem Partner. Wir beginnen mehr zu fühlen und wahrzunehmen, was uns wieder lieben und verstehen lässt.

> Du bist dein eigener
> Herr und Meister.
> Deine Zukunft hängt von dir selbst ab.
>
> [Buddha]

Buddhas Definition von
Liebe

Die Kraft der Liebe wird in der buddhistischen Religion als die Grundlage allen Seins angesehen. Der Buddhismus hat darüberhinaus eine klare Definition von Liebe.

Das, was wir in einer Paarbeziehung für gewöhnlich als Liebe bezeichnen, ist bei genauer Betrachtung eine Mischung aus Sympathie oder Zuneigung, körperlichem Begehren und einer großen Portion Bedürftigkeit und Besitzergreifen, die wir mit Liebe verwechseln und die im Buddhismus den Überbegriff »Anhaftung« trägt. Diese Anhaftung ist die Ursache all unserer quälenden Erfahrungen (siehe auch Seite 11).

Erst wenn eine Trennung droht, merken viele, wie wichtig ihnen der Partner ist, und klammern sich regelrecht an ihn. Doch rettet das die Beziehung? Vielleicht haben Sie selbst schon diese Erfahrung gemacht: Je stärker Sie klammerten und besitzen wollten, umso mehr entglitt Ihnen Ihr Partner. Statt das (vermeintliche) Liebesglück zurückzuerhalten, breiten sich durch das krampfhafte Festhalten Angst, Nervosität und Ärger in unserem Leben aus.

Die Stärke unserer Anhaftungen können wir an der Tiefe der Wunde erkennen, die wir davontragen, wenn wir durch eine Trennung von unserem Objekt der Begierde fortgerissen werden.

Die Kraft der Enttäuschung

Gerade wenn wir als Paar frisch zusammenkommen, ist der andere unser Hoffnungsträger. Die Verpackung stimmt und verheißt die Erfüllung unserer Träume. Doch Träume sind reines Wunschdenken. Wir gaukeln uns selbst etwas vor, wollen nicht hinschauen. Frühwarn-

> Wenn wir eine **Beziehung**
> als etwas betrachten,
> das wir haben oder haben wollen…,
> dann wird eine **Verbindung**
> zwischen **zwei** Menschen
> zu einer **Kiste** mit Wänden,
> statt eine **grenzenlose Weite** zu sein.

[John Welwood | *amerikanischer Psychotherapeut*]

signale gibt es in der Regel zuhauf, doch wir sind blind und taub dafür. Erst wenn der Partner auf den Putz haut, sich unseren Vorstellungen widersetzt oder sie schlichtweg nicht erfüllt, werden wir wach. So erging es auch einer Freundin von mir. Als sie ihren Partner kennenlernte, verkörperte er in ihren Augen alles, was sie suchte: Er war stark, männlich, erfolgreich, und sie verband damit Sicherheit und Beständigkeit sowie die Erfüllung ihres Wunsches, endlich eine Familie zu gründen. Doch während sie von Familie träumte, kaufte er sich ein Motorrad und plante eine Tour rund um die Welt. Sie wollte mit ihm über die Zukunft und Kinder sprechen, doch er meinte jedes Mal, das hätte noch Zeit. Geschlafen hatten sie schon seit Monaten nicht mehr miteinander. Sie redete sich ein, es wäre nur eine Phase, umsorgte ihn und hielt vehement an ihrem Bild des Familienvaters fest, bis er sie verließ und ihre Welt einstürzte. Er hatte es wohl in der Enge der Häuslichkeit nicht mehr ausgehalten. Schmerzlich erkannte sie, dass er zwar stark, männlich und erfolgreich war, jedoch ein Abenteurer und kein verlässlicher Ehemann und Vater.

Wenn die große Traumblase platzt, sind Enttäuschung und Schmerz groß. Doch statt sich zu fragen, warum die Beziehung schieflief, suchen die meisten Menschen ein neues Objekt der Täuschung. Auf diese Weise entsteht häufig ein »Beziehungs-Hopping« von einem Partner zum nächsten. Die ewige Suche nach dem Prinzen oder der Prinzessin geht weiter – Enttäuschungen, Schmerz und Frust früher oder später inklusive.

Wer auf diesen erschöpfenden Prozess keine Lust mehr hat, für den steckt in diesem Ende der Täuschung ein großes Potenzial. Das Potenzial nämlich, mit der Wirklichkeit in Verbindung zu treten. Genau das ist der Ansatzpunkt Buddhas: das Aufwachen aus dem erträumten Leben. Erst dann können wir beginnen, eine Beziehung zu leben, anstatt sie uns nur vorzugaukeln.

Der Liebeshandel

Die Anhaftung an unseren Partner stützt sich meist auf einen gefühlten Mangel. Das heißt, wir gehen eine Beziehung ein, nicht weil wir gerade übervoll an Liebe sind und diese gerne mit einem anderen Menschen teilen wollen, sondern damit wir selbst etwas bekommen. Es ist ein unbewusster Handel. Die einen möchten durch den Partner endlich wieder glücklich sein, die anderen wollen sich durch ihn wieder fühlen und bestätigt wissen. Vielleicht steht auch der Wunsch im Vordergrund, nicht mehr alleine zu sein oder eine nie versiegende Quelle der Zuneigung, Zärtlichkeit und körperlichen Befriedigung zu erhalten. Deutlich wird, es geht nicht darum, den anderen zu lieben und sich ihm zu schenken, sondern darum, die eigene Bedürftigkeit zu befriedigen. Wenn nun zwei solche »hungrigen« Menschen aufeinandertreffen, können sie sich aufgrund ihrer inneren Leere nichts geben. Nach der ersten rosaroten Zeit, in der die Hormone alles für sie regeln, stellt sich nach und nach bei beiden Partnern ein Gefühl der Überforderung ein. Die Erwartungen des anderen werden nur noch widerwillig erfüllt. Es beginnt ein Hin-und-her-Gezerre, in dem beide sich zunehmend an Kleinigkeiten aufreiben. Das Beziehungsleben verkümmert zum Stellungskrieg: »Erst wenn du …, nur dann werde ich …, und wenn du nicht …, dann werde ich auch nicht …« Beide Partner manipulieren und sind auf ihren eigenen Vorteil bedacht, rechnen kleinlich nach, wer öfter das Bad putzt, wer wen mehr verführt oder streichelt, wer wann den Einkauf zahlt oder die Kinder ins Bett bringt. Am Ende sind sie vollkommen erschöpft und frustriert.

So erging es auch einer meiner Kursteilnehmerinnen, die verzweifelt erzählte, dass in ihrer Beziehung plötzlich alles gekippt sei und nichts mehr so wäre wie am Anfang. Nach ein paar intensiven und ihrer Meinung nach glücklichen Monaten mit ihrem Freund fühlte sie sich von ihm zunehmend überfordert. Er wollte, dass sie nur noch für ihn da sei, wurde eifersüchtig, wenn sie telefonierte und ihm nicht ihre gesamte Aufmerksamkeit schenkte. Schließlich drohte er damit, sie zu verlassen. Da sie große Angst hatte, ihn zu verlieren, versuchte sie, seinen Forderungen möglichst gerecht zu werden, konnte jedoch irgendwann nicht mehr schlafen und fühlte sich innerlich vollkommen leer, wie ausgebrannt.

Das Kennzeichen wirklicher Liebe

Für gewöhnlich wollen wir, dass der andere sieht, wie großartig wir sind, wie liebevoll, intelligent, attraktiv und fürsorglich. Wir geben vor zu lieben, sind zärtlich und verständnisvoll, doch wir wollen Lob, Anerkennung und Streicheleinheiten dafür. Wie schon gesagt: Das ist ein Handel, keine Liebe. Wirkliche Liebe bezeichnet eine tiefe Zuneigung ohne Bedingungen, frei von Fixierung, Anhaften, Besitzanspruch, Hoffnung und Furcht. Sie ist nährend und beglückend für alle Beteiligten. Da sie bedingungslos ist, nimmt sie nicht ab, wenn sich die Umstände ändern. Wird in einer Partnerschaft diese Form der

Liebe gelebt, entstehen Vertrauen, Entspannung und Entfaltungsmöglichkeiten. Wir können innerhalb der Beziehung wachsen, weil wir den Raum des jeweils anderen nicht beschneiden. Denn wir verspüren den tiefen Wunsch, dass es dem Geliebten oder der Geliebten gut gehen möge, und wollen unseren Beitrag dazu leisten.

Der Partner wird geliebt, wie er ist, anstatt nach eigenen Traumbildern zurechtgestutzt zu werden. Diese wahre Liebe wertet nicht, manipuliert nicht, will nichts haben und bekommt trotzdem. Sie gibt, ohne jemals weniger zu werden, sie ist offen und ohne Hintergedanken. Eine solche bedingungslose, nährende Liebe zu leben, darum geht es im Buddhismus. Es ist eine Liebe, die aus sich selbst heraus allen Beteiligten Glück und Wohlbehagen schenkt und selbst Außenstehende inspiriert und bereichert.

Wie kann in einer Paarbeziehung diese Form der Liebe kultiviert werden, die frei von Fixierung und Anhaftung ist? Ist Letztere nicht der Kitt, der die Partnerschaft überhaupt zusammenhält? Sind somit Buddhismus und Beziehung nicht zwei unvereinbare Dinge? Nein, denn solange wir nicht erkennen, dass wir Fixierung und Anhaftung mit Liebe verwechseln, kommen wir aus dem Kreislauf unserer Beziehungskrisen, Missverständnisse, quälenden Gefühle und leidvollen Zustände nicht heraus. Mithilfe des Buddhismus lernen wir, wirklich zu lieben, und erfahren unseren inneren Reichtum, das Gefühl der inneren Fülle und des Überschusses.

>> Wenn wir nur die **guten** Seiten
eines Menschen **mögen,**
dann ist es **nicht** Liebe. <<

[Thich Nhat Hanh | *vietnamesischer Meditationsmeister*]

Paarbeziehung

als Weg persönlicher Entwicklung

So wie ein Samen einen nährstoffreichen Boden, ausreichend Licht und Wasser braucht, um zu gedeihen, braucht auch eine Beziehung fruchtbare Bedingungen, um sich bestmöglich zu entwickeln.
Diese Bedingungen herzustellen, ist ein Weg persönlicher Entwicklung. In dem Maße, wie wir unsere eigenen uns innewohnenden Qualitäten entwickeln, wird sich auch unsere Partnerschaft entfalten. Es wird uns immer leichter fallen, unseren Teil dazu beizutragen, einen geeigneten Boden für Austausch, Vertrauen, Nähe und Liebe herzustellen.

Achtsamkeit – der erste Schritt zu uns selbst

Wie oft verrichten wir im Alltag Dinge, ohne ihnen einen Funken Aufmerksamkeit zu schenken. Plötzlich ist es Abend, der Fernseher läuft, und der vergangene Tag liegt wie im Nebel verborgen hinter uns, ist einfach vorbei, ohne dass eine Essenz übrig bleibt. Wieder ein Tag, den wir nicht gelebt haben. Diese innere Haltung der Unaufmerksamkeit zeigen wir auch häufig in unserer Beziehung. Vielleicht leben wir schon lange zusammen, haben uns aneinander gewöhnt wie an die guten alten Möbelstücke in unserer Wohnung. Unser Partner ist halt da, steht mit uns auf, putzt sich neben uns die Zähne im Bad, frühstückt mit uns, dann gibt es einen kurzen, routinierten Abschiedskuss, während wir in Gedanken bereits bei der Planung unseres Tages sind. Sie denken nun vielleicht: »Das ist eben der Alltag, so ist es doch ganz gemütlich und sicher.« Wenn wir aber einmal genauer hinspüren, merken wir, dass das Leben und das Prickeln aus unserer Beziehung schon lange verschwunden sind. Stattdessen macht sich latente

Traurigkeit bis hin zu massiver Unzufriedenheit bemerkbar. Doch statt nun intensiven Kontakt zum anderen zu suchen, vertilgen wir lieber die extra würzige Sorte Chips und setzen dann noch einen spannenden Film obendrauf. So entsteht Instantintensität auf Knopfdruck. Bauch und Kopf sind zwar voll, doch die innere Leere bleibt. Möchten Sie wieder mehr spüren, wieder mehr Leben in Ihren Alltag bringen, den Grauschleier entfernen? Dann ist es höchste Zeit für Achtsamkeit.

Ausstieg aus dem Autopilotdasein

Achtsamkeit hilft uns dabei, uns selbst mehr Aufmerksamkeit zu widmen. Wir erspüren, wie es uns geht, bemerken, was wir denken, fühlen und sagen, und schauen uns an, wie alles miteinander zusammenhängt. Vielleicht haben Sie erst nach dem letzten Riegel Schokolade registriert, dass Sie eine ganze Tafel in zwei Minuten vertilgt haben, und sich dann auch noch geschämt oder geärgert. Durch mehr Bewusstheit merken Sie nicht nur früher, was Sie gerade tun, sondern auch, warum Sie es tun. Durch Achtsamkeit üben wir uns darin, das Leben, uns selbst und unser Umfeld wieder bewusster wahrzunehmen und die Dinge aktiv zu gestalten, statt sie »ablaufen« zu lassen. Wir üben uns darin, uns neugierig und offen dem zu widmen, was gerade im Hier und Jetzt geschieht – so wie wir es als Kinder getan haben. Mit der Zeit der Übung verfeinert sich unsere Wahrnehmung stetig, und wir erkennen immer mehr Facetten in unserem Denken, Fühlen und Handeln, die uns bisher verborgen waren. Diese können uns jedoch immens helfen, besser auf uns und andere einzugehen und unser Leben mit allen Sinnen zu leben.

Merkmale der Achtsamkeit

Achtsamkeit ist gekennzeichnet durch einen sehr wachen, doch gleichzeitig entspannten Geisteszustand. Stellen Sie sich vor, Sie würden die Position eines absolut wertneutralen Beobachters einnehmen und allem, was passiert, einfach nur offen und interessiert zuschauen – ob in Ihren Gedanken, Ihrem Körper oder in Alltagssituationen mit Ihrem Partner, Ihren Kindern, im Auto oder an der Supermarktkasse. Jedoch ohne das, was Sie sehen, mit »gut« oder »schlecht« zu kommentieren. Diese wertneutrale Haltung hat einen Sinn: Sie verhindert ein automatisch ablaufendes Schubladendenken und ermöglicht eine weite, objektive und damit sehr klare Sicht auf alles. Unsere persönlichen Dramen und unser »Kopfkino« – zerstörerische Gedankenmuster, die unbewusst ständig in unserem Geist auftauchen – haben so keine Chance. Wir erkennen es rechtzeitig, wenn wir anfangen, uns in innere Selbstgespräche zu verstricken, schreckliche imaginäre Szenarien zu entwerfen, uns prophylaktisch Sorgen zu machen und die tatsächliche Situation zu verzerren und aufzubauschen (siehe auch Seite 38).

Durch diesen wertneutralen Geisteszustand bleiben wir mehr auf dem Boden der Tatsachen, sind gelassen und können mit klarem Kopf und Herz entscheiden, was nun angemessenerweise zu tun oder zu lassen ist. Statt also wie üblich Partei zu ergreifen oder die Dinge zu manipulieren, weil sie uns nicht in den Kram passen, bekommen wir ein Bewusstsein für das, was gerade abläuft. Vielleicht wurde unser Partner mit einer anderen Frau in der Stadt gesehen. Normalerweise würden wir unserer Fantasie jetzt freien Lauf lassen und darüber rasend eifersüchtig werden. Doch nun lassen wir Gedanken, die alles nur hochschaukeln würden, erst gar nicht zu und klären die Sache, sobald es möglich ist, direkt mit unserem Partner.

In der Achtsamkeit üben wir uns darin, die Dinge einfach erst mal so zu lassen, wie sie sind, und sie so auch anzunehmen, das heißt zu akzeptieren. Warum? Erst wenn ich etwas akzeptiert habe, kann ich damit arbeiten. Akzeptanz ist die Grundlage jeglicher Heilung. Sie haben akzeptiert, dass es so für Sie in der Beziehung nicht weitergehen kann. Erst mit dieser Einsicht und mit der Akzeptanz, dass irgendetwas schiefläuft, konnten Sie sich dieses Buch besorgen. Für gewöhnlich befinden wir uns in unserem Alltag eher in der Position des allwissenden Profis, der schon alles ausprobiert zu haben und jede Lösung zu kennen glaubt. Um zu neuen Erkenntnissen und Erfahrungen zu gelangen, brauchen wir jedoch neben der Offenheit und der Lust auf Neues eine große Portion Neugier, Forscher- und auch Abenteuergeist. All das ist Teil der Achtsamkeit und ermöglicht, dass wir uns mit unserem Alltag und unserer Beziehung auf eine neue und frische Art und Weise befassen. Bedenken Sie: Jeder Moment ist neu, auch wenn er einer vergangenen Begebenheit ähnelt, nichts kann sich in diesem Universum vollkommen gleich wiederholen!

Beziehungsstabilisator Meditation

In anstrengenden, herausfordernden Beziehungssituationen diese berühmte buddhistische Gelassenheit an den Tag legen zu können, ist das Ergebnis beständigen Trainings in Meditation. Diese kann jedoch

Lerne den Augenblick zu ergreifen!
Fliehe nicht in die Wahngebilde
der Vergangenheit oder der Zukunft.
Sammle deinen Geist dort, wo du bist,
mit einem für den Augenblick
geschärften Bewusstsein.
Es gibt keinen anderen Ort als hier.

[Drukpa Rinpoche | *tibetischer Meditationsmeister*]

noch mehr. Sie führt nicht nur zu Gelassenheit und Entspannung, sondern zu mehr Geistesklarheit und Achtsamkeit. Das hilft uns, gerade in chaotischen Situationen den Überblick zu behalten und Ruhe sowie innere Stabilität zu bewahren. So bleiben wir selbst in Krisensituationen handlungsfähig und können solche Herausforderungen wesentlich leichter, konstruktiver und mit weniger Folgeschäden bestehen als mit einem untrainierten Geist.

Doch es brauchen nicht unbedingt Ausnahmesituationen zu sein, in denen wir die Vorteile der Meditation genießen können. Meditation ist die formale Übung, um unsere Achtsamkeit und die Stabilität im jeweiligen Moment zu stärken und uns selbst besser kennenzulernen. Oder wie es der große tibetische Meditationsmeister Chögyam Trungpa Rinpoche ausdrückt: »Meditation … schafft einfach einen Raum, in dem wir dazu fähig sind, unsere neurotischen Spiele, unsere Selbsttäuschungen, unsere verborgenen Ängste und Hoffnungen zu enthüllen und aufzulösen.«

Meditation ist eine disziplinierte Schulung unseres Geistes, durch die es uns gelingt, immer in den gegenwärtigen Moment zurückzufinden. Über Meditation stärken wir unsere Fähigkeit, mit dem, was jetzt gerade passiert, in Verbindung zu treten und dabeizubleiben, statt uns wie gewöhnlich in Gedanken, Interpretationen, Plänen, Erinnerungen und Träumen zu verlieren.

Eine tiefe Verbindung schaffen

Diese geistige Stabilität wirkt sich auf die Qualität unserer Beziehung aus, indem wir beginnen, unserem Partner wirklich zu begegnen und ganz für ihn da zu sein. Eines der größten Geschenke, die wir uns durch das Training der Meditation gegenseitig machen können, ist, uns gegenseitig ungeteilte Aufmerksamkeit zu widmen. Damit lösen sich meiner Erfahrung nach bereits viele unserer Beziehungsprobleme auf. Wir beginnen, unseren Partner tatsächlich wahrzunehmen, seine wirkliche Person und seine Bedürfnisse zu erkennen. So finden wir in die unmittelbare Verbindung zueinander, nach der wir uns sehnen und die ein Paar wirklich ausmacht. Eine Verbindung, die wir häufig über Sexualität herzustellen versuchen, doch wenn unser Geist nicht bei der Sache ist, bleibt es nur der körperliche Akt, dem eine unerfüllte Leere folgt.

Die Übung der Meditation bringt Körper und Geist wieder zusammen. Der Geist, der gewöhnlich woanders weilt, wird heimgeführt ins Jetzt, in den gegenwärtigen Moment. In dieser Einheit von Körper und Geist wird alles, was wir als Paar miteinander erleben, von erfüllender und befriedigender Intensität geprägt sein.

Auch unsanftes Erwachen ist möglich

Wenn wir durch Übung der Meditation und Achtsamkeit bereit sind, auf dem Boden der Wirklichkeit anzukommen, kann es manchmal eine recht harte Landung sein, denn wir schauen der ungeschönten Wirklichkeit ins Gesicht. Und dieses sieht vielleicht ganz anders aus als in unserer idealisierten Vorstellung. »Wen haben wir denn da bloß geheiratet?«, könnten wir uns fassungslos fragen und erkennen, dass wir unserer eigenen Illusion aufgesessen sind. Vielleicht sehen wir, dass wir gar nicht zusammenpassen und den Menschen als Komplettpaket nicht mögen.

Doch nun können Sie beginnen, eine echte Beziehung mit dem Menschen, der tatsächlich vor Ihnen steht, aufzubauen – wenn Sie es wollen. Die folgenden Kapitel dieses Buches möchten Ihnen helfen, sich neu kennen und lieben zu lernen.

Richtiges Üben

Meditation wird geübt, indem wir uns regelmäßig für eine bestimmte Zeit an einem angenehmen Ort in aufrechter und würdevoller Haltung in Stille niederlassen und unsere Aufmerksamkeit auf den

> Wir sollten die Meditation sanft,
> aber stetig üben, im gesamten Alltag,
> und uns keine Gelegenheit,
> kein Ereignis entgehen lassen,
> um tief in die wahre Natur des Lebens
> zu blicken, zu dem auch unsere tagtäglichen
> Probleme gehören.
> Wenn wir so üben,
> bleiben wir mit dem Leben
> in enger, tiefer Verbindung.

[Thich Nhat Hanh | *vietnamesischer Meditationsmeister*]

ein- und ausfließenden Strom unseres Atems richten. Gleichermaßen wird Meditation auch im alltäglichen Leben praktiziert, indem wir während unserer Aktivitäten immer wieder die bewusste Verbindung zum Atem nutzen, um wahrzunehmen, was gerade wirklich geschieht. So holen wir uns aus davongaloppierenden Gedanken und sich aufschaukelnden Situationen heraus und immer aufs Neue in den gegenwärtigen Moment zurück. Eine Anleitung zur Meditation finden Sie auf Seite 50/51. Das Chaos in unserer Beziehung ist meist nur der Spiegel unserer eigenen Aufgewühltheit und Unzufriedenheit. Nutzen Sie die Übung der Meditation, um für sich selbst zu sorgen, zur Ruhe zu kommen, auf die feineren Töne in sich zu lauschen und um Freundschaft mit sich selbst zu schließen. Gönnen Sie sich dafür täglich Zeit. Meditation ist eine innere Arbeit, ein innerer Weg und setzt am Kernpunkt unserer Beziehungsproblematik an: bei uns selbst.

Basis schaffen und Vertrauen entwickeln

2

→ Vertrauen ist die Basis jeder gesunden Beziehung. Das Hindernis Nummer eins, der Zweifel, lässt dieses Fundament ins Wanken geraten. Erfüllt von Zweifeln ist es uns unmöglich, glücklich in unserer Beziehung zu leben. Wie wir dieser Herausforderung begegnen, das erforschen wir in diesem Kapitel.

Zweifel –
das schleichende Beziehungsgift

Fragen Sie sich in letzter Zeit öfter, ob Sie und Ihr Partner eigentlich wirklich zusammengehören? Der Stachel des Zweifels treibt uns zu weiteren quälenden Fragen: Gibt es vielleicht eine bessere Alternative? Verpasse ich den Richtigen, wenn ich in dieser Beziehung bleibe? Wäre ich glücklicher, wenn ich mich trennen würde, oder glücklicher, wenn ich bliebe? Liebt er mich eigentlich noch – und liebe ich ihn überhaupt noch? Zweifel ist die Herausforderung Nummer eins, denn er verhindert, dass wir in unserer Beziehung glücklich sein können.

Vertrauenskrisen als Chance nutzen

Um neue Schritte in unserer Beziehung gehen und ihr zu mehr Tiefe verhelfen zu können, ist es durchaus gesund, sich von Zeit zu Zeit zu fragen, ob die Dinge für uns stimmig sind oder ob es etwas gibt, das uns missfällt beziehungsweise gar nicht guttut.

Wenn wir uns dem Zweifel nicht hingeben, sondern ihm mit Bewusstheit und Aufmerksamkeit begegnen, wirft er Licht auf die Stellen, die wir besser verändern sollten. Darüber hinaus zeigt er uns Möglichkeiten auf, uns neu auszurichten, um größere Zufriedenheit in unserem Beziehungsleben zu erlangen. So können Krisen zu Chancen werden, unserer Beziehung mehr Schwung zu geben und gezielt Mangelzustände auszugleichen. Zweifel ist ein Indiz dafür, dass uns etwas fehlt, beispielsweise Aufmerksamkeit, mehr Freiraum, mehr Zeit miteinander. Meist aber ist Zweifel verbunden mit einem großen Mangel an Vertrauen, der ein erfülltes Beziehungsleben gar nicht möglich werden lässt. Erst wenn wir diesen Auslöser klar benennen können, erkennen wir, woran es zu arbeiten gilt.

Stellen Sie sich vor, Ihre Beziehung wäre ein Haus, errichtet auf einem Fundament, das Vertrauen heißt. Wenn dieses bröckelt, droht die Beziehung früher oder später ins Wanken zu geraten und zu zerbrechen. Indem wir unsere Aufmerksamkeit schulen und lernen, die Dinge bewusst so wahrzunehmen, wie sie sind (siehe Seite 18), wird es uns möglich, das Fundament wieder zu stabilisieren.

Mangelndes Vertrauen drückt sich auf vielfältige Weise aus. Eines der häufigsten Probleme in Paarbeziehungen heißt Kontrollsucht.

Problem Kontrollverhalten

Wenn wir in einer Paarbeziehung den anderen zu kontrollieren versuchen, steckt meistens mangelndes Selbstvertrauen dahinter. Vermutlich haben wir den Glaubenssatz »Ich bin nicht liebenswert« verinnerlicht. Deshalb leben wir ständig in der Angst, die Liebe unseres Partners zu verlieren. Wir lassen ihm gar keinen Freiraum mehr und gehen ihm mit unserem Misstrauen und unseren Manipulationsversuchen zunehmend auf die Nerven. Doch der Buddhismus zeigt uns Wege auf, wie das fehlende Vertrauen hergestellt werden kann und Sie diese unverzichtbare Basis Ihrer Beziehung schaffen können: durch die Übung in Achtsamkeit, Großzügigkeit, Akzeptanz und Meditation.

Achtsamkeit entwickeln

Die buddhistische Psychologie besagt, dass es in den meisten Lebenssituationen enorm hilfreich ist, wenn wir uns unserer Gefühle und Gedanken bewusst sind und sie möglichst auch benennen können. Der Schlüssel dazu ist die Achtsamkeit. Sich darin zu üben hilft, die Gegebenheiten so zu erkennen und anzunehmen, wie sie sind. Wir horchen dabei in uns hinein und fühlen, was gerade in uns vorgeht (siehe auch Seite 26, 27).

Normalerweise versuchen wir bei Beziehungskonflikten, die Kontrolle wiederzuerlangen, indem wir durch Vorwürfe oder Flucht einen Abstand zwischen uns und dem Partner herstellen. Dadurch wird jedoch gar nichts gelöst. Wenn wir uns dagegen in Achtsamkeit üben, lernen wir, die wilden Gefühle und Gedanken, die durch uns hindurchjagen, zu erkennen. Sobald wir sie benennen können, zum Beispiel als »Eifersucht«, »Hilflosigkeit« »Verlustangst« und so fort, ist der nächste Schritt möglich: sie ziehen zu lassen, ohne noch mehr negative Gefühle und Gedanken nachzuschieben und das Ganze weiter anzufachen oder zu einem »Drama« zu verfestigen (siehe Seite 38).

Bevor Sie sich durch irgendetwas von Ihren negativen Gefühlen Ihrem Partner gegenüber abzulenken versuchen oder die nächste verbale Attacke vorbereiten, möchte ich Sie einladen, die Übung auf der nächsten Seite zu machen. Setzen Sie sich dafür einen Moment an einen ruhigen Ort und fragen Sie sich, was Sie gerade wirklich fühlen. In unserem Körper können wir die nagenden, verwirrenden und sich jagenden Gefühle am besten orten.

Gefühle zulassen und erkennen

Wenn Sie in Kontakt mit sich selbst kommen, erkennen Sie eher, was Sie fühlen und wie Ihr Körper dabei reagiert. Sie können spüren, dass Sie zittern, Ihr Atem schneller fließt, das Herz Ihnen bis zum Hals schlägt. Nehmen Sie das alles erst einmal nur wahr. Sie müssen nichts verändern, nicht ruhiger werden oder anders denken oder fühlen. Es erwartet auch niemand, dass Sie Lösungen finden. Alles in Ihnen darf so sein, wie es gerade ist. Sie dürfen wütend oder traurig oder auch ängstlich sein, Sie dürfen weinen oder am liebsten weglaufen wollen. Bleiben Sie einfach wie ein guter Freund mit sich sitzen.

Achtsam wahrnehmen

→ Setzen Sie sich aufrecht und in würdevoller Haltung hin und spüren Sie, wie es sich anfühlt, wenn Ihr Atem ein- und ausfließt.

→ Jetzt richten Sie Ihre Aufmerksamkeit auf Ihre Körperempfindungen. Vielleicht spüren Sie Tränen aufsteigen, vielleicht ist Ihre Kehle zugeschnürt, Ihr Magen verkrampft. Lassen Sie Ihren Atem weiterfließen, ohne zu stocken.

→ So wie Sie einem Freund in einer schweren Zeit die Hand halten würden, halten Sie sich nun selbst die Hand. Es darf alles aufsteigen, was aufsteigen mag – nichts muss weggeatmet werden.

→ Versuchen Sie die Gefühle, die Sie in Ihrem Körper fühlen, zu benennen. Sagen Sie innerlich »Zweifel«, »Angst«, »Wut«, wenn Sie erkennen, worum es sich handelt, und halten Sie Ihre Aufmerksamkeit weiter auf den Körperbereich gerichtet, wo Sie die Gefühle orten. Wenn Ihnen kein Begriff einfällt, grübeln Sie nicht nach, sondern nehmen Sie einfach nur die körperlichen Empfindungen wahr.

→ Wenn sich zweifelnde, zermürbende Gedanken in Ihren Kopf drängen und Sie merken, dass Sie in gedankliche Diskussionen und Geschichten abdriften, sagen Sie bewusst »Stopp« und wenden sich wieder Ihrem Körpergefühl zu.

→ Üben Sie sich darin, die Gefühle und auftauchenden Gedanken einfach nur zu registrieren und vorbeiziehen zu lassen, ohne auf sie mit neuen Gedanken, Selbstgesprächen und gedanklichem Aufschaukeln zu reagieren.

→ Beobachten Sie, was passiert, wenn Sie nicht wie gewöhnlich aktiv werden und Ihre Gedanken nicht durch neue Überlegungen nähren.

→ Beenden Sie die Übung, wenn es für Sie stimmig ist. Recken und strecken Sie sich und bewahren Sie sich für Ihre weitere Aktivität Ihre aufmerksame und akzeptierende innere Haltung Ihren Gefühlen gegenüber.

Wie wirklich ist die Wirklichkeit?

Die Wirklichkeit, die wir erleben, ist nur ein kleiner Ausschnitt dessen, was sich tatsächlich ereignet. Wir betrachten die Welt durch die subjektive Brille unserer Annahmen, Meinungen und Bewertungen, die reflexartig, blitzschnell und unbewusst in unserem Geist auftauchen. Häufig gründen diese auf bereits gemachten Erfahrungen in der Vergangenheit, die wir auf die jetzige Situation projizieren und ihr wie eine zweite Haut überstülpen.

Damit verzerren wir die tatsächlichen Gegebenheiten, sodass es uns unmöglich wird, die Fakten zu erkennen und adäquat zu reagieren. Nicht selten entsteht durch eine solche Verzerrung eine unangemessene Dramatisierung der Wirklichkeit – aus einer Mücke wird schnell ein gigantischer Elefant. Dadurch bekommen manche Situationen ein Ausmaß, welches uns immer bedrohlicher und nicht mehr zu bewältigen scheint. Auf dieses Kopfkino reagieren wir dann mit der Aktivierung unseres Stressprogramms, einem Selbsterhaltungsmodus, der uns angreifen oder flüchten lässt.

Der innere Film

Ein Beispiel: Vielleicht hat Sie einer Ihrer ersten wichtigen Partner massiv betrogen und Sie haben es viel zu spät bemerkt. Kein Wunder, dass Sie danach erst mal überall Verrat witterten. Seither sind jedoch alle weiteren Beziehungen an Ihrer Eifersucht und Ihrem tiefen Misstrauen gescheitert. Es genügt schon, wenn Ihr jeweiliger Partner anerkennend über die neue Kollegin spricht oder verspätet nach Hause kommt – schon läuft wie von selbst ein geistiger Film vor Ihrem inneren Auge ab. Sie steigern sich in Gefühle von Selbstzweifel, Angst, Wut und Eifersucht hinein, die der tatsächlichen Situation gar nicht angemessen sind. Und so erwarten Ihren Partner beim Heimkommen je nach Temperament eisiges Schweigen, ein eifersüchtiges Verhör oder tränenreiche Wutausbrüche.

Aus dem Opfermodus aussteigen

Achtsamkeit bedeutet neben dem bewussten Wahrnehmen von Körperempfindungen, Gedanken und Emotionen auch, Verantwortung für unser Denken, Fühlen und Handeln zu übernehmen. Damit entlasten wir unseren Partner und unsere Beziehung ungemein. Außerdem ist es die einzige Möglichkeit, wirklich stimmige Lösungen zu finden, die an der tatsächlichen Wurzel unseres Unglücks ansetzen. Nämlich an unserer eigenen Geschichte, unserem eigenen Drama, das wir uns zu allem, was uns begegnet, immer und immer wieder erzählen. Sich einfach nur als Opfer der Umstände darzustellen, ist objektiv betrachtet unfair, denn wir weisen dabei jegliche Mitverantwortung, mit der wir konstruktiv umgehen könnten, zurück: »Der andere ist der Böse, und ich kann doch gar nichts dafür!« Darüber hinaus versetzen wir uns mit dieser Haltung in eine abhängige Position, in der wir uns selbst am Handeln und Verändern hindern.

Erkennen wir dieses Muster, etwa dass wir unserem Partner eine Machtposition zuweisen, können wir den Entschluss fassen, unseren Anteil am Scheitern der Beziehung ausfindig zu machen. Wir können Verantwortung dafür übernehmen, unser Verhalten betreffende Veränderungen einleiten und damit das Opferdasein beenden.

Handlungsspielraum erhalten

Kommen Sie immer mehr Ihren Opferrollen auf die Schliche und ergründen Sie, auf welche Weise Sie Ihren Handlungsspielraum erhalten oder wiederbekommen können. Beginnen Sie mit dem Erforschen, indem Sie die Übung auf der folgenden Seite machen.

Praktisch im Alltag umgesetzt bedeutet es, dass wir ehrlich zu uns selbst sind und darauf verzichten, die Verantwortung anderen in die Schuhe zu schieben. Fragen Sie sich, was Sie zu der jeweiligen Situation beigetragen haben. Das mag zuerst etwas unangenehm sein, doch es ist Ihre einzige realistische Chance, etwas zu verändern!

Verantwortung übernehmen

Nehmen Sie sich für diese Übung ein paar Minuten Zeit und finden Sie heraus, unter welchen Bedingungen Sie sich in die Opferrolle begeben. Was kann Ihnen helfen, Verantwortung zu übernehmen? Atmen Sie zunächst ein paarmal tief ein und aus, um zur Ruhe zu kommen. Dann schreiben Sie die Antworten und Überlegungen in Ihr Notizbuch.

Fragen Sie sich:

→ In welchen Situationen fühle ich mich in meiner Beziehung als Opfer?

→ Was passiert in solchen Situationen?

Ablauf bitte genau beschreiben!

→ Was sind meine typischen Gedankengänge, Körperreaktionen und Gefühle in diesen Situationen?

Zum Beispiel Gedanken: »Immer ich!«; Körperreaktionen: Nacken und Bauch verkrampfen sich; Gefühle: wütend, traurig, hilflos.

→ Wie gehen andere Menschen in meinem Umfeld mit Verantwortung um?

Schieben sie alles jemand anderem in die Schuhe oder ziehen sie sich jeden Schuh selbst an?

→ Was kann ich an meiner Lebenssituation verändern, sodass ich mich aus meiner Opferrolle lösen kann?

Beispielsweise nicht immer auf den Partner warten, dass er mal mit mir ins Kino geht, sondern selbst die Initiative ergreifen, Karten besorgen und ihn mitnehmen, wenn er will, sonst alleine oder mit Freunden gehen.

→ Gibt es Menschen oder Bedingungen, die mich unterstützen können?

Zum Beispiel Unterstützung durch Freunde oder regelmäßige Termine.

Veränderungen im Inneren suchen

Gehen wir einmal davon aus, Ihr Partner macht wie so oft Überstunden und Sie sitzen wütend oder unzufrieden zu Hause. Daraufhin führen Sie Selbstgespräche à la »Seine Arbeit ist ihm immer wichtiger als ich! Er liebt mich eben nicht« und so fort. Auf diese Weise schüren Sie Ihre Zweifel, bis Sie die ganze Beziehung infrage stellen.

Verantwortung für sich selbst zu übernehmen, bedeutet zu erkennen, dass das nur Ihre Wahrnehmung oder Bewertung der Situation ist. Sie reagieren auf das Verhalten Ihres Partners mit Zweifel, weil Sie sich eigentlich allein gelassen und vernachlässigt fühlen. Und genau hier liegt Ihre Verantwortung: sich den wunden Punkt (sich vernachlässigt und alleine gelassen fühlen) anzuschauen, sich mit ihm auseinanderzusetzen und ihn heilen zu lassen.

Auf einer ganz praktischen Ebene könnte es bedeuten, dass Sie beginnen, Ihre Lebenszeit sinnvoll zu nutzen, statt in Warteposition den vernachlässigten Partner zu spielen und Ihrem Liebsten die Hölle heißzumachen oder sich hinter einer Mauer aus vorwurfsvollem Schweigen zu verschanzen, wenn er endlich zu Hause ist. Verabreden Sie sich mit Freunden, treiben Sie Sport, meditieren Sie, was auch immer – nur lösen Sie sich aus Ihrem selbst auferlegten Gefängnis. Ihr Partner wird deswegen zwar nicht früher nach Hause kommen, aber wenn er da ist, erlebt er Sie ausgeglichen und glücklich. Was wird ihn wohl mehr motivieren, früher das Büro zu verlassen? Also üben Sie sich darin, mehr und mehr Verantwortung für Ihren Anteil an der Situation zu übernehmen und dafür Sorge zu tragen, dass Sie etwas in Ihrem Inneren verändern.

Wenn Sie beginnen, sich mit Ihren Denkprozessen auseinanderzusetzen, werden Sie immer mehr erkennen, dass der andere nur einen Impuls geben kann. Doch was wir dann aus der Situation machen, wie wir sie interpretieren, auf sie reagieren, was wir denken und wie wir handeln, das liegt gänzlich und alleine bei uns selbst.

2

Das Herz öffnen und Großzügigkeit üben

Wir sind es in unserer westlichen Gesellschaft gewohnt, gegen etwas zu kämpfen, Feindbilder und klare Definitionen für Gut und Böse aufzubauen. Das tragen wir auch in unsere Beziehung. Schon von Kindesbeinen an haben wir durch Märchen gelernt, dass mit Kämpfen und Besiegen alles gut wird. Diese Herangehensweise ist unsere erlernte Problemlösungsstrategie. Doch durch unseren immerwährenden Kampf in der Beziehung verhärten sich die Fronten, und je mehr wir versuchen, gegen unseren Partner – der sich nicht unseren Vorstellungen und Bedürfnissen gemäß verhält – und für unser Glück zu kämpfen, umso schlimmer wird der Zustand.

Vorabinvestition in die Beziehung

Der Buddhismus stellt diese Gewohnheit auf den Kopf. Denn auf buddhistischem Weg mit Schwierigkeiten umzugehen, bedeutet, uns bewusst dem, was uns leiden lässt, zuzuwenden – voller Mitgefühl und mit offenem Herzen. Denn wir können uns nicht von Leid befreien, indem wir uns dagegen wehren. Unser Schlüssel für Zuwendung und Mitfühlen ist eine innere Haltung der Großzügigkeit. Warum empfahl Buddha, sich in dieser Tugend zu üben? Die Bereitschaft aufzubringen, sich aus einer festgefahrenen, verhärteten und destruktiven Situation in Richtung einer Lösung zu bewegen, ist ein innerer Akt der Großzügigkeit. Es ist ein Vertrauensvorschuss, den einer von beiden in die Situation hineingibt und der viel Energie, Mut und Überwindung kostet. Ohne diesen Einsatz, dieses Geschenk an die Beziehung würde sich nichts verändern. Die Bereitschaft, sich in einer schwierigen, emotional stark belastenden Situation einander zuzuwenden, ist ein Akt des Herzens. Praktisch bedeutet Großzügigkeit, dass Sie die Entscheidung fällen, aus Ihrem verhärteten Kokon herauszutreten und sich der momentanen Situation oder vielleicht auch den Ansichten Ihres Partners zu öffnen. Vielleicht wehrt sich jetzt spontan alles in Ihnen gegen diesen Gedanken, weil Sie Angst haben, die Kontrolle zu verlieren und verletzt zu werden. Diese Angst ist nur verständlich. Sie können jedoch sicher sein, dass auch Ihr Partner leidet, auf seine Weise Angst hat und Ihr Schmerz nichts Exklusives ist. Bedenken Sie: Aus diesem Schmerz und dem damit verbundenen Angriff oder Rückzug entstehen die Probleme.

Für die Beziehung etwas Neues wagen

Sich zu verschließen und zu schützen, das kennen Sie bereits – es hat am Kern jedoch nicht viel verändert. Sehen Sie die Öffnung als Experiment und sei es erst einmal nur in homöopathischer Dosis. Probieren Sie es immer wieder aus, vielleicht nicht gerade in der aktuellsten Krisensituation, sondern erst in weniger komplizierten Momenten, und erhöhen Sie dann langsam den Schwierigkeitsgrad. Vielleicht ärgern Sie sich ständig darüber, dass Ihr Partner die Nachrichten oder seine Lieblingsserie sehen will, während Sie gerade mit ihm reden möchten. Wenn Sie Gedanken wie »Alles ist ihm wichtiger als ich« zulassen, geraten Sie automatisch in die Abwärtsspirale des Zweifels. Mit etwas Aufmerksamkeit können Sie solche negativen Gedanken erkennen, sie rechtzeitig stoppen und Ihre innere Einstellung auf Großzügigkeit ausrichten. Das bedeutet, dass Sie sich die Offenheit Ihrem Partner gegenüber bewahren und sein momentanes Bedürfnis anerkennen. Sie könnten sich beispielsweise einfach einmal neben ihn setzen oder ihm den Raum für seine Lieblingssendung zugestehen und sich ohne Schmollen bewusst um sich selbst kümmern. So bleiben alle Türen offen, und Sie können Ihren Partner anschließend wesentlich entspannter um ein Gespräch bitten. Ganz anders, wenn Sie alles, was er tut, als Beweis fehlender Aufmerksamkeit und Liebe ansehen und sich aus Enttäuschung verschanzen.

Eine ähnliche Herangehensweise hilft auch in direkten Konfliktsituationen. Statt anzugreifen, wegzulaufen oder sich ins Schneckenhaus zurückzuziehen, fällen Sie in dem Moment, wenn Sie diese Impulse wahrnehmen, eine Entscheidung: Ihrem Partner weiter zuzuhören und sich in Offenheit und Großzügigkeit zu üben.

Versuchen Sie, die Situation mit seinen Augen zu betrachten, sodass Sie ihn besser verstehen können und sich Ihre Zweifel auflösen. Fragen Sie ruhig nach, wenn Sie etwas nicht verstehen. Erkennen Sie an, dass Ihr Partner gerade unglücklich ist, und schenken Sie ihm Ihre offene Anteilnahme, beispielsweise indem Sie sagen: »Es tut mir leid, dass dich mein Verhalten irritiert hat.« So kann auch er damit aufhören, zu kämpfen.

Kommen Sie ihm mit offenen Händen entgegen, dann wird sich der Widerstand bei Ihnen beiden verflüchtigen, und ein fruchtbares, offenes Gespräch über die jeweiligen Bedürfnisse, Wahrnehmungen und Wünsche kann sich entwickeln.

Energiesparmodus Akzeptanz

Jeder Kampf, wogegen auch immer, verbraucht Kraft, Energie und Nerven. Die Akzeptanz ist unser Energiesparmodus und gleichzeitig unser Heilmittel gegen Ablehnung. Für unser tägliches Beziehungsleben bedeutet dies konkret, dass wir gerade dem, was wir nicht mögen, Aufmerksamkeit schenken, statt es mit aller Kraft zu verdrängen oder zu bekämpfen. Diese Herangehensweise ist die Basis zur Heilung unserer Beziehung und zur Veränderung!

Machen Sie eine bewusste Bestandsaufnahme. Wenden Sie sich mit einer wertneutralen und aufmerksamen, offenen inneren Haltung dem Ausmaß Ihrer jeweiligen Problematik zu. Erkennen Sie den momentanen Zustand bewusst an – so wie er ist, ohne ihn sich intellektuell auszureden, indem Sie sich sagen: »So schlimm ist es ja gar nicht«

> ## Unser **Handeln** im Alltag bestimmt, ob wir **glücklich** sind oder nicht.
>
> [Dalai Lama]

oder ihn zu dramatisieren durch ein »Alles ist ja so schrecklich!«. Versuchen Sie vielmehr, eine innere Haltung von »Aha, so ist das« einzunehmen.

Durch Akzeptanz bekommen Sie Informationen über den jeweiligen Zustand. Sie erkennen, dass negative Gefühle nicht nur kommen, sondern auch wieder gehen können. Sich und Ihren Gefühlen auf diese Weise zuzuschauen, schützt Sie vor blinden und ziellosen Aktionen, die mehr zerstören, als Ihnen lieb ist.

Sich der Unvollkommenheit öffnen

Akzeptanz bedeutet jedoch nicht, dass wir uns mit allem einverstanden erklären oder alles, was passiert, gutheißen oder es passiv hinnehmen müssen. Akzeptanz ist eine bewusste Art des Freundschaftschließens, des Annehmens der Dinge, wie sie gerade sind. Es bedeutet, dass Sie sich selbst die Erlaubnis geben, so sein zu dürfen, wie Sie im Augenblick sind – mit all Ihren Stärken und Schwächen, mit Ihrer Traurigkeit, Ihrer Unvollkommenheit, mit Ihrem Groll auf sich selbst und auf Ihren Partner.

Solange wir noch gegen etwas kämpfen, etwas weg oder anders haben wollen, akzeptieren wir es nicht. Und solange wir es nicht akzeptieren, verbrauchen wir weiterhin unnötig Energie. Wie also können wir aus dem Kämpfen aussteigen und in den Energiesparmodus der Akzeptanz finden? Dabei kann Ihnen die Übung auf der nächsten Seite helfen, für die Sie etwas ungestörte Zeit und Ihr Notizbuch brauchen.

Akzeptanz üben

Nehmen Sie sich ein paar Minuten und setzen Sie sich an einen Ort, an dem Sie ungestört sind. Kommen Sie zur Ruhe, indem Sie Ihren Atem ein paar Atemzüge lang bewusst ein- und ausfließen lassen. Versuchen Sie Antworten auf die folgenden Fragen zu finden und schreiben Sie diese in Ihr Notizbuch.

→ Welche Züge oder Verhaltensweisen finden Sie an sich selbst besonders liebenswert?

→ Was finden Sie an sich selbst im Gegensatz dazu unakzeptabel?

• Was macht es Ihnen so schwer, dieses zu akzeptieren?

• Was würde sich verändern, wenn Sie sich erlauben, so zu sein, wie Sie sind?

• Wie würden Sie sich fühlen, was würden Sie denken, was würden Sie sehen oder erleben?

→ Welche Eigenschaften, Verhaltensweisen oder Persönlichkeitszüge finden Sie bei Ihrem Partner besonders liebenswert?

→ Was bereitet Ihnen im Gegensatz dazu Schwierigkeiten?

→ Was würde sich verändern, wenn Sie dieses bei Ihrem Partner akzeptieren könnten?

→ Was würde Sie dabei unterstützen, diese Eigenschaften anzunehmen, zu akzeptieren, wie die Dinge (bei Ihnen, Ihrem Partner, aber auch in Ihrer Partnerschaft) gerade sind, und mit ihnen Frieden zu schließen?

Erinnern Sie sich anschließend im Alltag immer wieder an eine annehmende innere Haltung. Gerade wenn Sie merken, dass Sie etwas nicht haben wollen und dagegen angehen, sagen Sie innerlich »Ja!«. Üben Sie sich darin, sich für das, was Sie nicht wollen, zu öffnen, und schauen Sie, was passiert.

Vertrauen entwickeln

Wenn wir Personen in unserem nächsten Umfeld nicht vertrauen können, hängt das meist damit zusammen, dass wir kein Vertrauen in uns selbst haben. Nahezu jeder von uns hat im Lauf seines Lebens Situationen erfahren, die unser Selbstvertrauen und damit auch das Vertrauen in unser Umfeld untergraben haben. Die Palette kann von der besten Freundin, die uns den Freund ausgespannt hat, bis hin zum intriganten Arbeitskollegen reichen. Doch wirklich maßgeblich für unser Misstrauen sind Vertrauens- und Verlusterlebnisse, die durch Trennungserfahrungen in frühester Kindheit entstanden sind.

Kleine Kinder sind noch nicht in der Lage, die Zusammenhänge zu erkennen, und so suchen sie bei sich die Schuld für das Geschehene. Sie sind fest davon überzeugt, dass sie etwas falsch gemacht haben, dass sie nicht richtig sind. Dieser Vertrauensverlust in das eigene Gutsein wird auf das gesamte Umfeld ausgedehnt und später auch in die Liebesbeziehung hineingetragen. Jeder erlebte Vertrauensbruch, jedes Trennungserlebnis bestärkt unseren Glauben, dass wir diejenigen sind, die nicht richtig oder nicht liebenswert sind und darum verlassen werden. Wir erwarten regelrecht, enttäuscht zu werden, da wir selbst scheinbar so ungenügend sind.

Ich bin okay – Kontakt mit der Buddhanatur

Bevor wir anderen vertrauen können, gilt es an unserem Selbstvertrauen zu arbeiten. Unter all unseren Selbstvorwürfen und Neurosen liegt etwas, das im Buddhismus die Buddhanatur genannt wird. Damit ist unsere urgute Natur gemeint, die sich in der Fähigkeit zeigt, uns auf heilsames, mitfühlendes und liebevolles Handeln auszurichten. Wir mögen verletzt sein, krank vor Eifersucht und Scham und besitzen doch die geistigen Qualitäten von Klarheit und Ganzheit. Sie sind die Basis, auf der wir auf der tiefsten und ursprünglichsten Ebene unseres Seins vollständig, ganz und heil sind. Durch die tägliche

Übung von Achtsamkeit, Akzeptanz und vor allem durch regelmäßige Meditation können wir unsere Buddhanatur, die niemals von uns getrennt ist, erfahren und Schritt für Schritt zu unserem Selbstvertrauen zurückfinden. Die Zeit der Meditation kann uns einen geschützten Raum geben, in dem wir so sein dürfen, wie wir sind, in dem wir uns öffnen können ohne Furcht, abgelehnt und verletzt zu werden. Mit der Zeit werden wir beginnen, uns selbst näherzukommen und langsam und vorsichtig mit uns Freundschaft zu schließen.

Die Kraft der Meditation

Meditation ist nicht umsonst ein essenzieller Grundpfeiler der buddhistischen Lehre. Sie hilft uns, Achtsamkeit und Akzeptanz in unserem Leben zu vertiefen und mehr emotionale Stabilität und Klarheit zu entwickeln. Darüber hinaus bringt sie uns mit unserer Buddhanatur in Kontakt.

Meditation bedeutet, seelisch-geistig und körperlich zur Ruhe zu kommen. Wir setzen uns hin und erlauben uns, absolut nichts zu tun. Da auch Nachdenken und Grübeln zum Tun zählen, verzichten wir während der Meditation ganz bewusst darauf, sodass unser Geist ebenfalls zur Ruhe kommen und sich erholen kann. Meditation ist Pause für Körper und Geist, allerdings verbunden mit einer gehörigen Portion Wachheit und Aufmerksamkeit.

Durch Meditation der Reaktionsfalle entkommen

Sie haben mit Sicherheit schon häufig die Erfahrung gemacht, welche Konsequenzen unüberlegtes Handeln hat. In den meisten Fällen ist Handeln ohne Bewusstsein wenig effektiv. Bewusstes Handeln dagegen hat eine hohe Effizienz. Verfallen wir in Panik, verlieren wir uns in zweifelnden, selbstzerfleischenden Gedanken. Wir lassen uns von Stresshormonen und extremen Gefühlen beherrschen. So entgleitet uns die Kontrolle, und unsere Reaktionen werden sehr destruktiv. Stresshormone wirken wie Denkhemmer und lassen uns im Überlebensmodus nur mit Angriff oder Flucht reagieren. Durch die Meditation stärken wir unsere Fähigkeit, im Alltag gelassener zu reagieren, ohne uns in Zweifel zu verstricken oder in Panik, Stress oder Wut zu verfallen. Auf diese Weise schaffen wir es, selbst in schwierigen Situationen klar und handlungsfähig zu bleiben. Das wirkt sich nicht nur auf die Qualität unserer Beziehung aus, sondern auch auf unsere Vertrauensfähigkeit und Lebensqualität. Und wenn es uns besser geht, läuft es auch in unserer Beziehung besser.

Gutes Beginnen

Schaffen Sie sich für die Meditation in Ihrem Zuhause einen Platz, an dem Sie sich wohlfühlen können. Wo Sie die Türe schließen und eine Zeit der Stille und Ruhe genießen können. Vielleicht möchten Sie diesen Platz auch gemeinsam mit Ihrem Partner einrichten und miteinander üben. Ich kenne viele Paare, die den Tag gemeinsam mit Meditation beginnen. Die Wahl der Tageszeit liegt bei Ihnen. Probieren Sie aus, wann es für Sie am besten passt. Wichtig ist, dass Sie täglich üben – Regelmäßigkeit ist der Schlüssel zum Erfolg. Sich nur gelegentlich zur Meditation hinzusetzen, wird kaum Wirkung zeigen.

Die klassische Atemmeditation

Im Folgenden erhalten Sie eine Anleitung für die klassische Achtsamkeitsmeditation auf den Atem. In dieser Übung geht es darum, mit der Aktivität Ihres Geistes vertraut zu werden und diese beruhigen zu lernen, damit Akzeptanz und innere Ruhe einkehren können. Meditieren Sie zu Beginn nicht länger als fünf bis zehn Minuten täglich. Erst wenn Sie über diese Zeitspanne hinweg konzentriert üben können, ohne sich groß in Gedanken zu verlieren, erweitern Sie die Zeit schrittweise um weitere fünf bis zehn Minuten.

Achtsamkeitsmeditation auf den Atem

→ Setzen Sie sich aufrecht und entspannt in einer würdevollen und gelösten Körperhaltung hin.

→ Wählen Sie eine Sitzposition, die es Ihnen ermöglicht, ohne Anstrengung mit geradem Rücken für einige Zeit bewegungslos zu verweilen. Für die einen mag ein Stuhl mit gerader Lehne dazu geeignet sein, andere ziehen vielleicht die traditionelle Haltung im Lotus- oder Schneidersitz auf einem Meditationskissen auf dem Boden vor oder bevorzugen die kniende Sitzweise mithilfe eines Meditationsbänkchens.

→ Die Position sollte es Ihnen ermöglichen, den Körper zu entspannen und zur Ruhe kommen zu lassen. Das Kinn ist etwas abgesenkt und die Augen sind halb geöffnet. Die Augen richten sich mit weichem Blick ungefähr zwei bis drei Meter vor Ihnen auf den Boden, ohne etwas Spezielles zu betrachten. Das mag am Anfang ungewohnt sein.

→ Sie können durchaus zu Beginn zwischen geschlossenen und offenen Augen wechseln, je nach Ihren Möglichkeiten. Erfahrungsgemäß fällt es leichter, mit geöffneten Augen wach zu bleiben; mit geschlossenen Lidern ist die Gefahr größer, ungewollt einem spontanen Nickerchen oder Traumbildern zu verfallen.

→ Richten Sie nun Ihre Aufmerksamkeit auf den Fluss Ihres Atems. Beginnen Sie wahrzunehmen, wo Sie Ihren Atem gerade fühlen können. Vielleicht spüren Sie ihn an den Nasenflügeln, im Rachen, in den Bronchien, im Brustkorb oder im Bauchraum.

→ Suchen Sie sich die Stelle aus, an der Sie Ihren Atem gerade am intensivsten wahrnehmen können, und verweilen Sie dort mit Ihrer Aufmerksamkeit. Spüren Sie nun, Atemzug für Atemzug, Ihren Atem mit sanfter Aufmerksamkeit.

→ Nach einiger Zeit werden Sie bemerken, dass Sie mit Ihrer Aufmerksamkeit abgeschweift sind und beispielsweise in Gedanken den Einkaufszettel schreiben, oder Sie stellen fest, dass Ihnen der Rücken wehtut und Sie sich darüber zu ärgern beginnen und so fort. Keine Sorge, das ist unsere normale geistige Aktivität.

→ Die Übung besteht nun darin, den Geist und die Aufmerksamkeit dahingehend zu schulen, diesen Vorgang zu bemerken, und die Entscheidung zu fällen, Ihre Aufmerksamkeit wieder zurück zu Ihrem Atem zu bringen. Und zwar unmittelbar in dem Moment, in dem Sie registrieren, dass Sie abgelenkt sind, und nicht erst, wenn Sie den Gedanken zu Ende gedacht haben!

→ Denken, Träumen und Planen tun Sie schon häufig genug. Dies ist jetzt Ihre Meditationszeit, in der Gedanken nichts anderes sind als Ihr Trainingsobjekt. Durch sie können Sie Ihre Achtsamkeit und Ihre Fähigkeit trainieren, sich leichter zu lösen und zurück ins Hier und Jetzt zu kommen. Jeder Atemzug ist der direkte Kontakt mit dem Jetzt.

→ Bringen Sie sich beständig wieder zum Atem zurück. Ganz egal, ob die Gedanken angenehm und erfreulich sind oder unangenehm und ärgerlich. Es macht keinen Unterschied, es sind einfach nur Gedanken. Kommen Sie zurück – immer und immer wieder. Bemerken Sie, wenn Sie abschweifen, und bringen Sie Ihre Aufmerksamkeit erneut zurück zum Spüren Ihres Atems. Das ist die ganze Übung.

→ Üben Sie nur so lange, wie es Ihnen möglich ist, die Aufmerksamkeit aufrecht-zuerhalten.

→ Beenden Sie die Übung, indem Sie einmal kräftig ein- und ausatmen, sich recken und strecken, und bewahren Sie sich Ihre Aufmerksamkeit soweit wie möglich für die nachfolgenden Aktivitäten.

Ausgleich
und
Stille finden

→ Das Hindernis Nummer zwei, die Unruhe,
treibt uns um. Wir streben in unserer Partnerschaft nach Glück und verlieren uns doch nur
in Geschäftigkeit und Aktionismus. Nie schei-
nen wir Zeit und Muße füreinander zu haben,
und so fühlen wir uns gestresst, abgehetzt
und leer. Wie wir uns als Paar wieder entspannter begegnen können, das erforschen
wir in diesem Kapitel.

Unruhe — die permanente Ablenkung
vom Wesentlichen

Wann haben Sie Ihrem Partner das letzte Mal ernsthaft Zeit und Aufmerksamkeit geschenkt, indem Sie ihm beispielsweise wirklich in die Augen geschaut und zugehört haben?

Häufig glauben wir, dass wir uns voll auf unseren Partner konzentrieren, während wir in Wirklichkeit im Geiste mit irgendwelchen anderen Dingen beschäftigt sind. Wir streicheln ihm automatisch über den Rücken und denken währenddessen daran, wen wir gleich anrufen oder was wir noch einkaufen müssen. Vielleicht räumen wir den ganzen Abend auf, sortieren Zeitschriften, surfen im Internet, zappen uns durchs Fernsehprogramm und glauben, wir hätten den Abend »zusammen« verbracht. Wir halten uns immer schön beschäftigt, und wenn wir das nicht tun, überkommt uns die Angst, dass uns das Leben entgleitet und wir etwas verpassen könnten. Die Unruhe, das Bedürfnis nach mehr, treibt uns um. Wir wünschen uns mehr Kontakt, mehr Anerkennung, Lebendigkeit, Intensität oder ähnliche Impulse von außen, von denen wir uns die Erfüllung unseres Glücks versprechen. Doch je heftiger wir ihm durch vermehrte Aktivität hinterherlaufen, umso weiter entfernt es sich.

> Glück findet sich nicht mit dem Willen.
> Es ist immer schon da,
> im Entspannen und Loslassen.

[Gendün Rinpoche | *tibetischer Meditationsmeister*]

Störfaktor Partner?

Zeiten der Ruhe, der Muße und Stille gehören nicht mehr zu unserem gewöhnlichen Alltag – mit der Konsequenz, dass wir den Kontakt zu uns selbst und damit automatisch auch zu unserem Partner verlieren. Ihm wirklich Aufmerksamkeit entgegenzubringen, erscheint schon fast wie »Zeitverschwendung«, es gibt doch noch so viel zu erledigen! Dabei werden wir immer erschöpfter und ungeduldiger. Wir hetzen durch unser Leben und bringen die Dinge nur noch hinter uns – schnell mal die Wäsche aus dem Trockner holen, schnell mal mit der Oma telefonieren, schnell mal den wichtigen Brief schreiben oder das Abendessen fertig machen, schnell mal eben … Und dabei glauben wir tatsächlich, dass wir nach den »schnellen« Erledigungen endlich Zeit zum Verschnaufen und Glücklichsein haben werden. Doch die Hetze geht weiter, schon wartet das Nächste auf uns, was auch noch mal eben schnell erledigt werden muss.

Bis der Moment kommt, an dem wir merken, dass wir nur noch genervt und ärgerlich auf unseren Partner reagieren, ihn vielleicht schon als Störfaktor in unserem Leben wahrnehmen und erkennen müssen, dass wir uns als Paar vor lauter Alltag und Erledigungen vollkommen aus den Augen verloren haben.

Das Gummibandsyndrom

Ein häufig auftretendes Phänomen in Paarbeziehungen, gerade wenn wir arg gestresst sind (und welches Paar ist das heutzutage nicht?), ist das Gummibandsyndrom. Ein Ungleichgewicht zwischen Nähe- und Distanzstreben, was beide zusätzlich in Unruhe und auch in emotionale Krisen stürzen kann. Kennen Sie das: Sie haben Lust, mit Ihrem Partner etwas zu unternehmen, zu kuscheln oder mit ihm zu reden, und er verschanzt sich hinter seinem Computer oder dem Fernseher,

Ein anderes Mal sind Sie derjenige, der einfach nur seine Ruhe haben will, während nun Ihr Partner den Kuschelbären herauskehrt und mit Ihnen zusammen sein möchte. In diesen Situationen ist es ganz schön schwer, nichts persönlich zu nehmen.

Alles hat seinen Rhythmus

Als ich das erste Mal an der Atlantikküste war, hat es mich tief beeindruckt, wie weit sich das Meer zurückzog und wie stark und kraftvoll es wiederkam. Dabei konnte ich mir während der Ebbe kaum vorstellen, wie es sein würde, wenn die Flut die Stelle, auf der ich gerade meine trockene Sandburg gebaut hatte, wieder mit Wasser überziehen würde. Und während der Flut konnte ich mir kaum ausmalen, dass diese Wassermassen jemals verschwinden würden und der Strand erneut ewig weit werden könnte.

Genauso ergeht es uns in der Beziehung. Schließt unser Partner die Tür und entzieht sich uns, haben wir Angst, ihn für immer zu verlieren, zweifeln an seiner Liebe und erleben häufig ein Wechselbad der Gefühle von Verzweiflung, Wut, Hilf- und Hoffnungslosigkeit. Wir können uns einfach nicht vorstellen, dass er vielleicht nur ein paar Stunden Auszeit braucht und später wieder ganz für uns da ist. So stehen wir neben uns, wissen nichts mit uns anzufangen, ergehen uns in Traurigkeit oder gesteigertem Aktionismus.

Befinden wir uns in diesem starken Unruhezustand, wird deutlich, wie wenig wir wirklich bei uns selbst sind und wie sehr wir uns darauf fixieren, dass unser Partner für unser Glück zu sorgen hat. Doch wir können lernen, unsere Achtsamkeit zu schulen, zu spüren, wann es für uns beide stimmig ist, füreinander da zu sein beziehungsweise uns zurückzuziehen. Denn schließlich brauchen auch wir Zeiten des Rückzugs. Wenn es uns gelingt, unseren natürlichen inneren Rhythmus von Nähe und Distanz zu erkennen und ihm zu folgen, finden wir wieder zu uns selbst und aus der Unruhe heraus.

Wege
aus der Unruhe

Sehnen Sie sich nicht auch manchmal nach Ruhe? Nach einer
Verschnaufpause, in der Sie gar nichts machen müssen und einfach
nur Sie selbst sein dürfen? Nach ein paar Stunden, in denen Sie sich
um niemanden zu kümmern brauchen? Das kann ich sehr gut
verstehen! Wir benötigen Ruhephasen, in denen wir uns selbst wieder
näherkommen können, gerade wenn die Zeiten anstrengend und
unsicher sind. Die Gefahr ist groß, sich in den wachsenden Anforde-
rungen, die unsere westliche Gesellschaft an uns stellt, zu verlieren.

Zeiten des Alleinseins wahrnehmen

Sich solche Auszeiten zuzugestehen und sie sich zu nehmen, haben
jedoch die wenigsten gelernt. Vielmehr schämen sich viele, insbesondere Frauen, wenn sie merken, dass sie jetzt viel lieber alleine für sich
wären, anstatt mit dem Partner oder den Kindern etwas zu unternehmen. Schnell tritt das schlechte Gewissen auf den Plan, und das
Bedürfnis nach Ruhe und Alleinsein wird zugunsten des Partners
oder der Familie unterdrückt. Wir brauchen jedoch für ein stabiles
psychisches Gleichgewicht Zeiten, die wir nur mit uns selbst verbringen, unabhängig von unserem Partner oder unserer Familie. Die
Zeiten des Alleinseins sind Zeiten des Auftankens und Sortierens, in
denen wir unserem Inneren wieder Gehör schenken können und
einfach nur für uns da sind.

Ursache und Wirkung

Überhören oder unterdrücken wir das Bedürfnis nach Rückzug und
Stille dauerhaft, werden wir im Alltag immer ungeduldiger, aggressi-

ver oder auch trauriger. Wir fühlen uns überfordert, sind nicht mehr in der Lage, konzentriert und einfühlsam mit unserem Umfeld umzugehen, und reagieren nur noch mit Ablehnung. Dieser Situation versuchen wir uns ungeschickt zu entziehen, indem wir Aufgaben nicht mehr erfüllen, unserem Partner Zärtlichkeiten verweigern, nicht mehr miteinander schlafen, uns in die Arbeit, ins Internet oder vor den Fernseher flüchten. Meistens ist uns gar nicht klar, was gerade passiert. Wir fühlen uns einfach nur unglücklich, innerlich getrieben und immer in Alarmbereitschaft.

Darauf reagiert unser Partner auf seine Weise ungehalten und irritiert. Es entsteht ein unkoordiniertes Hin und Her zwischen dem unausgesprochenen Wunsch nach Alleinsein, der Angst, es dem anderen nicht recht zu machen, sowie Verletztheit und Rückzug mit Bestrafungstendenzen, ohne dass wir verstehen, was gerade vor sich geht. Entsprechend ungeliebt und zurückgestoßen fühlen sich beide Partner.

In diesen aufwühlenden Prozess kann wieder Ruhe einkehren, wenn wir unserem Bedürfnis nach Rückzug und Alleinsein Gehör schenken, bereit sind, das Gleiche auch unserem Partner zuzugestehen, und in unserer Beziehung bewusst damit umzugehen lernen.

Mit Achtsamkeit die eigenen Bedürfnisse erkennen

Nutzen Sie die Achtsamkeit auf Körperempfindungen, Gedanken und Gefühle, um sich darüber klar zu werden, was gerade bei Ihnen passiert und welches Ihr eigentliches Bedürfnis ist (siehe die Achtsamkeitsmeditation auf Seite 50/51). Finden Sie heraus, welche Schlüsselsätze in Ihren Gedanken auftauchen, sobald Sie sich hilflos, überfordert und gestresst fühlen. Sie können zu Ihren Alarmzeichen werden, durch die Sie schneller erkennen, wie es Ihnen gerade geht. Es können Gedanken auftauchen wie: »Immer muss ich mich um alles kümmern!« Oder: »Jetzt muss ich mir auch noch diese Geschichte

Weisheitsgeschichte

Ein viel beschäftigter Mann sucht nach langer Zeit seinen alten Meister auf und erzählt ihm von seinem modernen Leben, seiner Familie und seinen vielen Aktivitäten und Geschäften. Der Meister hört ihm aufmerksam zu. Bemerkt die Glanzlosigkeit seiner Augen, den harten Zug um seine Lippen, die verkrampften Finger. Da sagt der Meister zu dem Mann: »Wie der Fisch zugrunde geht auf dem Trockenen, so geht Ihr zugrunde, wenn Ihr Euch verstrickt in den Dingen der Welt. Der Fisch muss zurück in das Wasser – Ihr müsst zurück in die Einsamkeit.« Der Mann ist entsetzt: »Muss ich etwa alles aufgeben und in ein Kloster gehen«? »Keine Sorge«, antwortete der Meister, »behaltet Euer Geschäft und Eure Familie, doch geht in Euer Herz.«

anhören!« Sobald Sie solche Anzeichen bemerken, sind Sie reif für eine Auszeit. Es ist hilfreich, sich einen Moment Stille zum Nachspüren zu gönnen, vielleicht indem Sie in Ihrer Aktivität kurz innehalten und sich fragen: »Was denke ich gerade? Wie fühlt sich mein Körper an« (beispielsweise wie geprügelt, verkrampft, zittrig)? »Wonach wäre mir jetzt, wenn ich keine Verpflichtungen hätte« (vielleicht: »Einfach nur weg von hier«)? »Was brauche ich« (zum Beispiel ein heißes Bad, eine Stunde in Ruhe gelassen zu werden, einen Spaziergang, eine Massage)? Statt jedoch nun fluchtartig den Ort des Geschehens zu verlassen oder den anderen vor Ihre Wand der Ablehnung oder Aggression laufen zu lassen, beziehen Sie Ihren Partner mit ein und erklären ihm, was gerade in Ihnen vorgeht, wie Sie sich fühlen und was Sie brauchen. Sie könnten etwa sagen: »Schatz, ich merke gerade, dass ich vollkommen erschöpft bin. Mein Rücken schmerzt, und ich bin sehr müde. Ich brauche ein bisschen Zeit für mich und werde mir nach dem Abendbrot ein Bad einlaufen lassen.« Vielleicht reagiert Ihr

Partner darauf anfangs etwas irritiert, möglicherweise macht es ihm auch Angst, und er versucht Sie zu überreden, bei ihm zu bleiben, Ihnen ein schlechtes Gewissen einzureden oder Ihre Ruhe zu sabotieren. So könnte er zum Beispiel im Bad auftauchen, weil er plötzlich unbedingt etwas mit Ihnen besprechen will, oder er könnte nach Ihnen rufen, weil er etwas nicht findet.

Betrachten Sie es als Gewöhnungsphase und bleiben Sie liebevoll, klar und gelassen. Vermeiden Sie jeden Streit oder anklagenden Angriff wie: »Nie lässt du mich in Ruhe! Immer muss jeder nur nach deiner Pfeife tanzen!« Bieten Sie ihm stattdessen an, nach der Auszeit, wenn Sie sich erholt haben, wieder für ihn da zu sein, eventuell gemeinsam noch etwas fernzusehen, zu reden oder zu kuscheln. So kann Ihr Partner die Erfahrung machen, wie gut Ihnen der Rückzug tut, und gewinnt Vertrauen, dass Sie danach wieder zu ihm zurückkehren. Je klarer Sie ausdrücken können, wie es Ihnen gerade geht und was Sie brauchen, umso leichter wird Ihr Partner Ihre Bedürfnisse respektieren. Doch manchmal ist das so eine Sache mit dem Respekt.

Respekt einfordern – auch vor sich selbst

Wie alle Menschen wünschen wir uns, dass unser Umfeld uns Achtung entgegenbringt. Und sind entsprechend fassungslos oder verärgert, wenn unsere Anliegen überhaupt nicht respektiert werden.

Ist Ihnen schon mal aufgefallen, dass es Menschen gibt, deren Bedürfnisse ohne Weiteres respektiert werden, und andere, die man immer überrennt? Diejenigen, die ihre Anliegen scheinbar selbstverständlich durchsetzen, besitzen ein gesundes Maß an Selbstachtung. Sind wir solchermaßen mit Respekt uns selbst gegenüber ausgestattet, können wir auch deutlich unsere Bedürfnisse formulieren und ihre Anerkennung einfordern. Sind wir dagegen unsicher, ob wir uns Freiraum zugestehen dürfen, fällt es uns schwer, unsere Bedürfnisse klar auszudrücken. Oder wir wirken sehr nachgiebig in unserer Forderung, weil wir sie etwa mit dem Zusatz beenden: »Aber nur wenn es dir nichts ausmacht. Es ist auch okay, wenn es nicht klappt.« Die Dringlichkeit unseres Anliegens verschwindet dadurch. Unser Umfeld entscheidet daraufhin, dass seine eigenen Anliegen auf der Dringlichkeitsskala höher anzusiedeln sind, und setzt diese an die erste Stelle. Das nehmen wir wiederum als Respektlosigkeit wahr.

Erst wenn Sie also Ihr Bedürfnis nach Ruhe selbst respektieren können und es als notwendige Priorität ansehen, wird auch Ihr Umfeld es anerkennen und Sie unterstützen, diesen Freiraum zu bekommen. Solange Sie jedoch an Ihrem Bedürfnis zweifeln, wird Ihr Umfeld Sie nicht ernst nehmen. Im schlimmsten Fall wird es sogar Ihre Ruhezeiten stören, da ihm die eigenen Anliegen wichtiger erscheinen als Ihre Belange.

Regelmäßige Auszeiten einplanen

Sich sporadisch bei Bedarf eine Auszeit zu nehmen, lässt sich zwar manchmal realisieren, ist aber spontan meist nicht möglich, da unser Alltag zu stark verplant ist. Es ist daher hilfreich und notwendig, regelmäßige Mußezeiten festzulegen – geschützte Zeiten, die wir nur mit uns selbst verbringen, ohne Partner, ohne unsere Freundinnen und auch ohne unsere Kinder. Der Vorteil von solchen zuverlässig eingeplanten Auszeiten ist, dass wir regelmäßig zur Ruhe kommen können und unser Umfeld sich an diese Zeiten gewöhnen und eigene Aktivitäten oder Ruhezeiten einplanen kann.

Mußezeiten sind vor allem stillen, besinnlichen Aktivitäten vorbehalten, damit wir für diesen Moment aus dem schnellen Karussell des Lebens aussteigen und uns regenerieren können. Lassen Sie dabei Ihre Gedanken zur Ruhe kommen und üben Sie sich in entspannter Präsenz. Verbringen Sie diese Zeit beispielsweise mit Meditation, ruhigem Yoga, gehen Sie in der Natur spazieren, widmen Sie sich ausgedehnter, entspannender Körperpflege, der Musik oder der

3

Malerei. Sie können Ihre Auszeit natürlich auch gänzlich ohne Aktivität verleben. So sitze ich gerne morgens eine Zeitlang mit meinem Tee in einem Sessel am Fenster und schaue nur in den Himmel oder betrachte die Bäume und das Spiel der Vögel. Auch wenn mein Partner sich zunächst etwas schwertat, sich daran zu gewöhnen, respektiert er diese Ruhephase mittlerweile und widmet sich währenddessen seinen eigenen Dingen. Denn er weiß, wie gut mir diese Zeit der Muße tut.

Hat ein Paar regelmäßige Rückzugszeiten, vermindert sich auch das explosive Gummibandsyndrom (siehe Seite 55), da die Ebbe-und-Flut-Zeiten nun koordiniert und bewusst stattfinden. Keiner wird mehr Angst haben, den anderen zu verlieren, denn er kann darauf vertrauen, dass der Partner gerade für sich selbst sorgt und danach wieder mit wesentlich mehr Freude an Zweisamkeit und mehr Kraft für gemeinsame Aktivitäten zurückkommt.

Erst wenn wir durch die Mußezeiten unsere geistig-seelische Stabilität gefestigt und gelernt haben, mit uns selbst eine gute Beziehung zu führen, können wir sie auch mit unserem Partner leben. So stärken die regelmäßigen Auszeiten für beide die Beziehung und beugen einem Beziehungsburnout vor.

Zeiten der Gemeinsamkeit einrichten

Genauso wichtig wie das Einrichten regelmäßiger Zeiten des Allein-seins ist auch das bewusste Einplanen gemeinsamer Zeit, denn dies verschafft beiden Partnern mehr Sicherheit, als wenn sie sich über–wiegend auf spontane Aktionen einlassen müssten. Natürlich können wir nicht immer alles planen und sollten uns auch unsere Spontaneität erhalten, aber trotzdem bieten uns in einer Beziehung klare Rahmen-bedingungen ein gewisses Maß an Verlässlichkeit und Stabilität. Eine

> Selbst euer **Körper** kennt nur sein Erbe
> und seine berechtigten **Bedürfnisse**
> und will **nicht** betrogen werden.
> Und euer Körper ist die Harfe eurer **Seele,**
> und es ist an **euch,**
> süße **Musik** aus ihm zu locken...

[Khalil Gibran | *libanesischer Philosoph und Dichter*]

Freundin von mir hat mit ihrem Partner einen sehr guten Weg gefunden. So besuchen sie beispielsweise einen Abend in der Woche gemeinsam einen Tanzkurs. Den Samstagabend haben sie zum Ausgehen reserviert und planen die Aktivitäten für diesen Abend gemeinsam. Der Rest der Woche bleibt unverplant, sodass sie noch genügend Raum für Spontaneität haben.

Natürlich passiert es manchmal, dass es meiner Freundin zu wenig spontan und zu viel geplant ist oder dass ihr Partner sich mehr Gemeinsamkeit wünscht als sie. In so einem Moment gelingt es ihnen mittlerweile, sich ins Gedächtnis zu rufen, dass sie, auch wenn sie ein Paar sind, trotzdem zwei verschiedene Menschen mit unterschiedlichen Bedürfnissen bleiben. Und dass es unfair wäre, dem anderen Lieblosigkeit vorzuwerfen, nur weil er gerade ein anderes Nähe-Distanz-Bedürfnis hat. Ein Idealmaß gibt es ohnehin nicht. Hier sind beiderseits Großzügigkeit und Kompromissbereitschaft gefragt, sodass man als Paar seinen Mittelweg finden kann.

Beispielsweise hat meine Freundin sich kürzlich bereit erklärt, zusätzlich noch einmal im Monat freitags mit in die Sauna zu gehen, weil dies der sehnliche Wunsch ihres Partners war (auch wenn sie es nicht unbedingt bräuchte), und er schenkt ihr dafür einen Samstagabend im

Monat, damit sie mit mir und anderen Freundinnen ausgehen kann. Bleiben Sie grundsätzlich flexibel, offen für Bedürfnisse und Veränderungen und immer im Gespräch miteinander. Schließlich kommt ja noch die Unberechenbarkeit des Lebens hinzu, welche die beste Planung vollkommen über den Haufen werfen kann. Tauschen Sie sich regelmäßig darüber aus, was Ihnen wichtig ist, was Sie sich wünschen und warum Sie etwas gerne mit oder ohne Ihren Partner machen möchten.

Versuchen Sie, Vorwürfe oder Beleidigtsein aus Ihrem Reaktionsrepertoire zu streichen. Es bringt Sie nicht weiter, da es nur Unruhe, Unverständnis, Angst, Ärger, Eifersucht und Wut hervorruft. Es geht nicht darum, nur Ihre eigenen Bedürfnisse durchzudrücken. Paarbeziehung ist ein Gemeinschaftsprojekt und erfordert immer wieder, dass wir uns von unseren festgefahrenen Meinungen und Reaktionsmustern, unserem starken Wollen und unserer Egozentriertheit lösen und uns unserem Partner in Offenheit zuwenden. Das ist nicht immer leicht, doch es erleichtert auf lange Sicht vieles und bringt mit gegenseitigem Verständnis mehr Sicherheit und Ruhe in unsere Beziehung.

Ungünstige Bedingungen nutzen

Endlich haben wir also unsere geplante Zeit füreinander. Natürlich wünschen wir uns jetzt, dass diese Stunden möglichst schön und angenehm verlaufen. Gleichzeitig wollen wir so Unangenehmes wie Spannungen oder enttäuschte Erwartungen auf keinen Fall erleben. Je mehr Wünsche und Widerstände wir jedoch aufbauen, umso unruhiger werden wir. Wir haben wieder den Drang, uns abzulenken, und es bleibt kein Raum mehr für Selbstwahrnehmung.

Dabei verdeckt Unruhe oft die Gefühle, mit denen wir Probleme haben. Sie zu unterdrücken oder sich davon abzulenken, ist unglaublich anstrengend. Nutzen Sie also auftauchende Schwierigkeiten, Missverständnisse und Hindernisse rund um Ihre gemeinsame Zeit, um sich den schwierigen Gefühlen zu stellen und sich selbst besser kennenzulernen. Nur so gelingt es Ihnen, diese loszulassen und dabei Qualitäten wie Güte, Mitgefühl, Geduld und Klarheit zu entwickeln. Hilfreich kann hierbei das buddhistische Geistestraining des Lojong sein, das auf Merksätzen basiert und zu den wirksamsten Lehren des tibetischen Buddhismus zählt. Es stellt unsere selbstbezogene Haltung auf den Kopf und ermöglicht uns, andere Perspektiven einzunehmen, neue Erfahrungen zu machen und unser Denken und Handeln in einen größeren Zusammenhang zu stellen.

Wirksame Gedächtnisstützen einsetzen

Die Sätze (insgesamt gibt es 59) sind keine Zauberformeln oder Autosuggestionen, mit denen wir uns einen besonderen Zustand »einzureden« versuchen. Sie erinnern uns lediglich daran, eine förderliche Geisteshaltung einzunehmen.

Indem wir sie uns in schwierigen Lebenssituationen ins Gedächtnis rufen, können wir verhindern, in unsere gewöhnliche destruktive Haltung zu verfallen. Natürlich brauchen wir etwas Übung, bis uns das gelingt. Die Achtsamkeit ist eine Grundvoraussetzung, um die Sätze anwenden zu können. Denn ohne sie würden wir nicht merken, dass wir gerade in unseren üblichen Film einsteigen, und damit könnten wir auch nicht bewusst unsere Haltung ändern.

Das gesamte Lojong-Geistestraining ist recht umfangreich, sodass ich es im Rahmen dieses Buches nur anreißen kann. In der Literaturliste (siehe Seite 156) finden Sie jedoch empfehlenswerte Bücher, die es Ihnen ermöglichen, das Lojong-Training zu vertiefen und auch alle anderen Merksätze sowie deren Anwendung kennenzulernen.

Die Praxis des Lojong

Gehen wir einmal davon aus, dass Sie sich auf Ihre gemeinsame Zeit mit Ihrem Partner freuen. Der Babysitter ist gebucht, und die Kinokarten brauchen nur noch an der Kasse abgeholt zu werden. Plötzlich klingelt das Telefon, und Ihr Partner erklärt Ihnen zerknirscht, dass er im Büro festhängt und es nicht rechtzeitig zum Beginn des Films schaffen wird. Dass Sie jetzt nicht vor Vergnügen in die Hände klatschen werden, ist nur allzu verständlich. Doch bevor Sie vollkommen ausrasten und damit alle Chancen auf einen schönen gemeinsamen Abend zunichte machen, bietet Ihnen die Praxis der Merksätze eine Alternative.

Sich in Offenheit üben

Gerade wenn Sie etwas ärgert, können Sie richtig merken, wie Sie innerlich hart werden und sich abschotten. Dieses Dichtmachen ist nicht etwa etwas Willkürliches, auf das wir keinen Einfluss haben; es ist unsere geistige Aktivität, mit der wir versuchen, uns vor weiteren Verletzungen und Enttäuschungen zu schützen. Enttäuscht werden können wir allerdings nur dann, wenn wir uns etwas vorgemacht haben (in diesem Fall ist es die irrige Annahme, dass immer alles glattgeht). Unsere übliche Reaktion wäre nun vielleicht, beleidigt das Kino abzusagen, uns den Rest des Abends frustriert mit Schokolade vollzustopfen und planlos in der Wohnung herumzuräumen, um uns von unserem Frust abzulenken.

Wenn wir jedoch gelernt haben, Achtsamkeit in unserem Leben zu installieren, können wir unsere erste Reaktion, das innerliche Verhärten, rechtzeitig wahrnehmen und uns dann entscheiden, wie es weitergehen soll. Wir haben also die Wahl, in unser altes Muster einzurasten und den restlichen Abend im Schneckenhaus oder im harten Kokon unseres Herzens zu verbringen, gewürzt mit Stress, Unruhe und innerlichem Groll – oder ihn stattdessen zu genießen, auch wenn er etwas später anfängt als geplant. Wenn Sie Lust auf einen schönen, entspannenden Abend haben, dann ist die Einladung des Geistestrainings an Sie, sich dem Jetzt zu öffnen. Und das bedeutet schlicht, dass Ihr Partner sich verspätet, Sie aber immer noch einen Babysitter haben und einfach etwas mehr Zeit, bis der gemeinsame Abend beginnt. Ob das nun ein Drama ist, liegt einzig und allein bei Ihnen, denn Sie können sich zwar darüber aufregen und sich gestresst fühlen, müssen es aber nicht. Ein passender Merksatz des Geistestrainings wäre: »Verwandle ungünstige Bedingungen in den Pfad des Erwachens.« Oder: »Bewahre stets einen freudigen Geist.«

Konkret bedeutet das, die jeweilige schwierige Situation zu nutzen, um uns in geistiger Stärke, Geduld und Klarheit zu üben, was auch immer gerade passiert. Also: Statt auszuflippen und wie ein Tiger unruhig auf und ab zu laufen oder die Verspätung persönlich zu nehmen, fahren Sie Ihren Unruhelevel bewusst wieder herunter, indem Sie sich beispielsweise innerlich von aufkommenden Sätzen wie »Immer ist ihm seine Arbeit wichtiger als ICH!« distanzieren.

Schwierigkeiten als Lernmöglichkeit annehmen

Da in schwierigen Situationen meistens Gefühle wie Ärger, Angst und Wut entstehen, erinnert uns der Merksatz »Bewahre stets einen freudigen Geist« daran, nicht in eine destruktive Negativ-Gefühls-Schleife abzugleiten. Vielmehr sollten wir eine innere Einstellung von heiterer Gelassenheit entwickeln, mit der es auch wesentlich leichter ist, die Dinge anzunehmen, wie sie nun mal sind. Jede Schwierigkeit ist auf dem spirituellen Weg eine Möglichkeit, die eigenen geistigen Qualitäten wie Geduld, Gelassenheit, Liebe und Mitgefühl zu kultivieren. Auch wenn es sich jetzt etwas schräg für Sie anhört: Einen freudigen Geist zu bewahren, bedeutet auch, die Situation als Trainingsmöglichkeit freudig motiviert anzunehmen. Keine Sorge, es geht nicht darum, so zu tun, als würden Sie sich über die Verspätung freuen, sondern dies als Chance zu begreifen, sich aus Ihrer üblichen egozentrierten Verbissenheit zu lösen und der Situation etwas spielerischer entgegenzutreten. So ist es für Sie leichter zu bewältigen:

Sie trainieren Ihre Qualitäten, bleiben ruhiger und gelassener, und der Abend hat damit die besten Chancen, doch noch zu gelingen. Je öfter Sie diese Haltung in schwierigen Situationen üben, umso leichter werden Sie mit allen Herausforderungen umgehen können.

Loslassen üben

Vielleicht würden Sie gerne jeden freien Moment mit Ihrem Partner zusammen sein. Vielleicht haben Sie aber auch ganz konkrete Vorstellungen davon, wie Zweisamkeit auszusehen hat. Wie auch immer Ihre Wünsche geartet sein mögen, sie werden nicht immer erfüllt werden. Vielleicht weil Ihr Partner mehr Zeit für sich braucht, als Ihnen lieb ist, oder weil wie im Beispiel auf Seite 66 unvorhergesehene Störungen Ihre gemeinsamen Pläne durchkreuzen. Buddha lehrte noch eine weitere Möglichkeit, mit Widrigkeiten umzugehen und sich ganz dem Jetzt zu öffnen: das Loslassens zu üben. Auf diese Weise können wir uns von alten, zwanghaften Vorstellungen und Wünschen befreien, die uns nichts als Stress und Ärger bringen.

Loszulassen, das bedeutet in unserer Vorstellung nicht unbedingt etwas Positives. Häufig raten wir unseren Freundinnen, wenn sie uns von ihrem Liebeskummer erzählen: »Lass den Kerl doch einfach los!« Was wir damit meinen, ist in der Regel: »Schmeiß ihn raus!« Wir verbinden damit also eher eine wegwerfende, ablehnende Haltung und Aktivität.

Sich dem Partner öffnen

Loslassen, wie Buddha es meinte, ist dagegen etwas sehr Friedliches. Es bedeutet schlicht, allem, was ist, Raum zu geben, indem wir unseren inneren Klammergriff lösen. Dieser zeigt sich in dem Ausspruch »Ich will aber!«. Wandeln wir den Satz in »Alles kann, nichts muss« um, lösen wir den Griff und öffnen uns. Dadurch entsteht Entspannung. Mit »Ich will ...« und »Das muss ...« bauen wir dagegen einen enormen Druck auf, bei uns und bei unserem Partner. Auch wenn wir vorgeblich das Wohl der Beziehung im Auge haben, geht es uns eigentlich nur um die Erfüllung unserer Vorstellungen und Wünsche.

Es ist also ein sehr egoistisches Verhalten, und das erzeugt Spannung – im Körper, im Geist und in der Partnerschaft. Lösen wir uns von unserem schon fast zwanghaften Denken, dass es immer nach unserer Vorstellung gehen muss, öffnen wir uns einer ganzen Reihe von potenziellen Möglichkeiten, insbesondere auch den Bedürfnissen und der Persönlichkeit unseres Partners.

Wir geben ja vor, ihn zu lieben. In Wirklichkeit sind wir jedoch nur auf unseren Vorteil bedacht und zwingen ihn, sich so zu geben, wie wir ihn gerne hätten und nicht, wie er wirklich ist. Nicht umsonst fühlen sich viele von ihrem Partner nicht wirklich geliebt, sondern unter Druck gesetzt, sich zu verändern. »Schatz, es ist doch nur zu deinem Besten!« heißt übersetzt: »Schatz, es ist doch nur zu MEINEM Besten!« Loslassen bedeutet also konkret, sich vom eigenen egozentrischen Verhalten zu lösen und sich dem anderen zuzuwenden. Ein Hauptpunkt des Loslassens ist, den Partner als unseren universellen Glücksverantwortlichen zu entlasten, sich also davon zu lösen, in ihm die Erfüllung des Glücks zu suchen. Doch erforschen Sie zunächst in der folgenden Übung auf Seite 70, wie Sie das Loslassen in Ihr Leben integrieren können.

Die schönste **Schlingpflanze** kann den **stärksten** Baum umbringen, sie braucht ihn nur **jahrelang** unablässig zu **umarmen.**

[Phil Bosmans | *belgischer Schriftsteller und Priester*]

Reflexion trainieren

Es läuft nicht nach Ihren Vorstellungen? Sie werden unruhig, wütend und unge-
recht? Halten Sie inne und üben Sie sich darin, sich aufmerksam dem Moment und
Ihrem Partner zu öffnen. Atmen Sie ein paarmal ruhig ein und aus, um zur Ruhe zu
kommen. Dann nehmen Sie Ihr Notizbuch zur Hand und beantworten die folgenden
Fragen:

→ Was war Ihre eigentliche Vorstellung und was passiert stattdessen gerade?

→ Welche bewertenden oder kommentierenden Gedanken nehmen Sie gerade in
sich wahr? Was passiert in Ihrem Körper? Fühlen Sie vielleicht, wie sich die
Muskulatur anspannt, Sie die Schultern hochziehen oder die Zähne aufeinander-
beißen?

→ Sagen Sie innerlich »Stopp« zu den Kommentaren und Bewertungen und fällen
Sie für sich die bewusste Entscheidung, sich die Situation mit Aufmerksamkeit
noch einmal wertneutral anzuschauen.

• Was für Möglichkeiten bietet die momentane Situation?

• Was sind Ihre Bedürfnisse und wie lauten die Ihres Partners?

• Welche Möglichkeiten eines konstruktiven und wertschätzenden Kompromisses
gibt es, mit dem beide gut leben können?

→ Fällen Sie innerlich die Entscheidung, sich in eine bewusste Haltung von
»Alles kann, nichts muss« zu begeben, und tauschen Sie sich in dieser offenen
Haltung mit Ihrem Partner über Ihre gegenseitigen Empfindungen, Wünsche und
möglichen Alternativen aus – mit dem Ziel, einen gemeinsamen Kompromiss zu
finden.

Regenerieren durch Meditation

Wie gelingt es uns, in einer von Wut und Enttäuschung geprägten Situation unser inneres Gleichgewicht zu halten oder wiederzuerlangen? Und wie schaffen wir es, uns in unseren Auszeiten so zu regenerieren, dass sich Geduld und Ruhe in unserem Leben verankern lassen? Das effektivste Mittel ist die Meditation. Mit ihrer Hilfe treten wir aus dem Hamsterrad der Umtriebigkeit und Aktivität heraus und gewöhnen uns wieder an Ruhe und Stille. Denn egal wie erschöpft wir sind, sobald wir endlich Zeit für eine Pause haben, glauben wir, diese »sinnvoll« verbringen zu müssen. Das heißt in unserer Wahrnehmung beispielsweise, das wichtige Fachbuch zu lesen, die Hose zu kürzen oder endlich mal unsere Mutter anzurufen. Einfach mal nichts zu tun – das ist vollkommen ungewöhnlich.

Gerade wenn wir unser Leben lang immer aktiv waren, werden wir uns zu Beginn schwertun, wirklich zur Ruhe zu kommen. Es kann sich anfangs sogar richtig unangenehm anfühlen, da wir mit dem quälenden Gefühl der Unruhe in unserem Körper und unseren durcheinandertobenden Gedanken konfrontiert werden. Am liebsten würden wir aufspringen und schnell irgendetwas tun, nur damit dieses Gefühl aufhört. Die Unruhe wird jedoch durch weitere Aktivität nur genährt und angeheizt.

In der Meditation kann unser Organismus endlich die Erfahrung machen, wie es ist, nichts tun zu müssen. Die Ruhe, die sich dadurch in unserem Körper und Geist ausbreiten kann, ist sehr erholsam und nährend. Aufkommende Gedanken laufen ins Leere wie Meereswogen an einem breiten Strand. Erst sind es große, vielleicht auch bedrohliche Gedankenwellen, die ausrollen und sich auflösen. Mit der Zeit werden sie kleiner und feiner, bis nur noch ein gedankliches Plätschern übrig bleibt. Schließlich kommt auch das zur Ruhe, und wir erleben, welcher Frieden in uns tatsächlich möglich ist.

Freude
und Glück
nähren

4

→ Trägheit beraubt uns unserer Lebens- und
Liebesenergie. Sie lähmt uns und lässt unsere Beziehung im Alltagstrott längst überholter
Gewohnheiten versinken. Kommen wir unserer Trägheit auf die Spur, können wir Neugier-
de und Offenheit entwickeln und wieder
frischen Wind in den Beziehungsalltag bringen. So erleben wir gemeinsam mit unserem
Partner mehr Freude und Glück.

Im Klammergriff der
Trägheit

Trägheit ist das geistige Hindernis, das uns nicht nur körperlich lähmt und somit an der Couch festkettet, es legt auch unsere geistigen Kräfte lahm – wir fürchten uns vor allem Neuen und bleiben in alten, überholten Verhaltensmustern gefangen.

Kennen Sie die bleierne Müdigkeit, die einen überkommt, wenn man etwas unternehmen »sollte« und doch irgendwie blockiert ist? Der ganze Körper versinkt in Schwere, die schließlich auch von unserer geistigen Aktivität Besitz ergreift. Das kann bis zur »Dumpfheit« führen. Jemand, den diese Art der Trägheit im Griff hält, wird taub und unempfindlich und versinkt geradezu in geistige wie körperliche Bewegungsunfähigkeit.

Die Furcht vor Veränderung

Trägheit hat auch im Volksmund einen Namen bekommen: der innere Schweinehund. Dieser ist ein Gewohnheitstier, und je mehr man ihn in den Hintern tritt, desto stärker gerät er in Panik und hält sich an der Couch und seinen Gewohnheiten fest. Hat der Schweinehund die Oberhand gewonnen, fürchten wir uns vor Veränderungen und Anstrengungen – aus Sorge, dass dann ganz schlimme Dinge passieren, wir uns überfordern und zusammenbrechen könnten. Oder dass wir uns Gefahren aussetzen, die uns womöglich unser Leben kosten. Solche dramatischen Annahmen und Glaubenssätze tragen wir vielleicht schon seit unserer Kindheit mit uns herum.

Meistens merken wir gar nicht, dass wir sie uns immer wieder vorsagen. Und so fühlen wir uns weiter als Opfer der Umstände (siehe Seite 39), ohne auf die Idee zu kommen, dass wir aktiv unser Erleben gestalten und Verantwortung für unser Denken, Fühlen und Handeln übernehmen können. Dabei ist der sorgenvolle und bequeme Geselle eigentlich nichts anderes als unser Ego im Schweinehundpelz, das Angst hat, dass es ihm und seinem fest gefügten Territorium an den Kragen geht.

Die eigene Trägheit aufspüren

Aus eigener Erfahrung weiß ich sehr gut, wie es ist, sich mit Trägheit auseinanderzusetzen. Sie aufzuspüren und als solche zu identifizieren, ist gar nicht so leicht. Wenn die Trägheit unser Leben dominiert, wissen wir nicht, was wir von Herzen wollen und was uns wichtig ist. So tun wir lieber gar nichts und betäuben Körper und Geist mit zu viel Essen und Trinken, Computerspielen und Fernsehen. »Instantintensität auf Knopfdruck erzeugen« habe ich im ersten Kapitel dieses Verhalten genannt, das uns so weit über die innere Leere hinwegtäuscht, dass wir erst einmal meinen, wir müssten nichts verändern und könnten uns so durchs Leben mogeln.

In der Partnerschaft können wir uns auf diese Weise relativ lange schönreden, dass wir doch ganz zufrieden sind. Trägheit hat schließlich auch die angenehmen Aspekte von Gemütlichkeit und Sicherheit – sie sind das Tarnkäppchen unseres Schweinehunds. Natürlich ist beides für eine Beziehung grundsätzlich positiv, doch wenn die natürliche Dynamik und die Lebendigkeit gänzlich verloren gehen, kippt das Ganze irgendwann. Die Beziehung setzt vor lauter Gemütlichkeit Staub an, die Behaglichkeit wird zu Enge und die Beständigkeit zu Stagnation.

Nicht selten ist das ein Punkt, an dem man sich trennt oder einer von beiden versucht, durch eine Affäre aus der Enge auszubrechen. Doch das muss nicht sein. Mit etwas Engagement können Sie Ihrer Trägheit auf die Sprünge helfen und selbst einer stark eingestaubten Beziehung wieder Frische und Leben schenken.

Problemfeld Routine und Langeweile

Feste Gewohnheiten haben durchaus Vorteile. Dinge routiniert zu tun, schafft schließlich eine große Entlastung, zumal sie uns leicht und mühelos von der Hand gehen. Vielleicht sind Sie über die Jahre ein gut eingespieltes Team geworden: Es gibt keine unerwarteten Überraschungen mehr, Sie wissen, woran Sie beim anderen sind. Das kann ein sehr komfortabler und wunderbarer Zustand sein. Für manche, die in einer extrem turbulenten Beziehung leben, ist das ein großer Traum. Doch kann dieser zu einem Alptraum werden, wenn wir nur noch routiniert miteinander umgehen.

Vielleicht vermissen Sie bereits seit einiger Zeit die Sinnlichkeit in Ihrer Beziehung. Zu viel Routine schaltet unsere Sinne auf Sparmodus, da bleibt kein Raum mehr für Lust und Zärtlichkeit. Routine zielt darauf ab, einen möglichst störungsfreien Ablauf zu sichern. Neue Erfahrungen und unvorhergesehene Vorkommnisse haben in diesem Konzept keinen Platz. Da allerdings das Leben eine permanente Aneinanderreihung von neuen Ereignissen ist, schafft Gewohnheit ein künstliches Vakuum, das eine sehr begrenzte Haltbarkeit hat.

Die Angst vor Kontrollverlust

Mit wachsender Routine wird unsere Welt immer kleiner und wie hermetisch abgeriegelt von neuen Einflüssen. Das macht sie früher oder später sehr überschaubar, leicht zu kontrollieren und damit sicher. Doch wir schränken zugleich automatisch auch unseren Bewegungshorizont ein, körperlich wie geistig. Bequemlichkeit ist häufig nichts anderes als Angst, die Kontrolle zu verlieren. Vielleicht kommt unsere Partnerin mit einer neuen Frisur oder einem Tattoo nach Hause. Oder unser Partner geht plötzlich abends regelmäßig zum Fitnesstraining oder hat sich für einen Yogakurs angemeldet. Solche Neuerungen können uns ängstigen, weil der andere auf einmal etwas für sich tut, bei dem wir uns nicht einbezogen fühlen oder es auch tatsächlich nicht werden. Sofort läuten alle Alarmglocken aus Furcht, dass er oder sie sich unserer Kontrolle entziehen und uns in letzter Konsequenz verlassen könnte. »Wir beide hatten es doch immer so gemütlich, genügt ihm das nicht mehr? Genüge ich ihm nicht mehr? Muss ich jetzt auch ins Fitnessstudio, um für ihn attraktiv zu bleiben?« Das sind Fragen, die hinter diesen Ängsten vor Veränderung stehen können. Hier meldet sich wieder der Zweifel (siehe zweites Kapitel) zu Wort – denn meist tauchen mehrere geistige Hindernisse gleichzeitig in unserem Leben auf.

Doch auch scheinbar banale Veränderungen im Alltag können uns ängstigen – etwa in einem anderen Supermarkt einkaufen zu gehen oder unseren Kleidungsstil der aktuellen Mode anzupassen. In einem neuen Geschäft müssten wir uns erst orientieren und vielleicht auch auf andere Lebensmittel zurückgreifen, wenn sich das Gewohnte nicht im Sortiment findet. Modernisieren wir unsere Kleidung, ruft das die Befürchtung hervor, unsere Identität zu verlieren oder unserem Partner nicht mehr zu gefallen. Solche Ängste lähmen und halten uns in Gewohnheiten gefangen.

Depressive Gefühle entstehen

Neben der Routine macht sich jedoch immer mehr der Eindruck von Langeweile breit. Ein Gefühl, das fast einer Depression ähnlich ist. Es breitet einen Grauschleier über unseren Alltag, und alles, was uns lieb und vertraut ist, verschwindet darunter. Langeweile wird häufig mit Entspannung gleichgesetzt. Doch seien Sie ehrlich – fühlen Sie sich, wenn Sie sich in Ihrer Beziehung langweilen, etwa entspannt? Eigentlich wären Sie doch diesen quälenden, nervenaufreibenden Zustand gerne los, oder?

Langeweile ist nichts anderes als ein Spannungszustand, in dem wir ablehnen, was gerade in diesem Moment geschieht, aber auch nicht so genau wissen, was stattdessen passieren sollte. Während die einen die

> Langeweile ist der **unfruchtbarste**
> aller **menschlichen** Zustände.
> Sie ist die Tochter der **Vergänglichkeit**
> und die Mutter des **Nichts.**

[Giacomo Graf Leopardi | *italienischer Dichter*
(1798–1837)]

Flucht nach vorn antreten und in übersteigerten und ziellosen Aktionismus verfallen, verlieren sich die anderen in niederdrückender, bewegungsloser Trägheit. Übrigens ist extremer Aktionismus nur getarnte Trägheit, denn indem wir uns ständig mit unwichtigen Aufgaben beschäftigt halten, können wir uns bestens von dem ablenken, worum es gerade wirklich geht. Wir kommen auf diese Weise gar nicht dazu, uns beispielsweise mit Langeweile oder innerer Anspannung auseinanderzusetzen, und müssen uns so auch nicht um eine Lösung bemühen.

Die eigenen Kräfte entdecken

Wie können Sie nun also lernen, mit Routine und Langeweile umzugehen, und aus dem Trott in Ihrem Leben herauskommen? Die Lösung liegt darin, Achtsamkeit, gezielte Aktivität, Begeisterungsfähigkeit und die Kraft der Liebe zu entwickeln. Wir können nur frischen Wind in unsere Beziehung bringen, wenn wir uns entscheiden, aus dem dumpfen Dämmerschlaf der Trägheit aufzuwachen, den Grauschleier zu entfernen und uns mit unseren Sinnen neuen Erfahrungen zu öffnen. Wenn wir beginnen, die eigenen Kräfte, die in jedem von uns schlummern, zu aktivieren und zielstrebig einzusetzen, gewinnen wir unsere Lebensfreude zurück.

Wege
aus der Trägheit

Eines der wirksamsten Mittel, um ein stabiles Gegengewicht zur Trägheit zu entwickeln, ist der buddhistische Weg der Achtsamkeit. Achtsamkeit bedeutet, bewusst mit wachen Augen hinzuschauen, mit offenen Ohren hinzuhören, mit dem Körper zu fühlen und mit wachem Verstand die Dinge zusammenzufügen.

Achtsam aus dem Profimodus aussteigen

Ein prägender Aspekt der Achtsamkeit ist der Anfängergeist. Mit seiner Hilfe verabschieden wir uns bewusst von unserem inneren Alltags- und Beziehungsprofi, der alles schon zu kennen und zu wissen glaubt. Sich in den Anfängergeist zu begeben, bedeutet, sich dem Leben in einer spielerischen und neugierigen Art und Weise zu öffnen. Das mag Sie vielleicht etwas befremden, schließlich sind Sie kein Kind mehr, aber der unschlagbare Vorteil eines Erwachsenen-lebens ist, dass wir uns situationsgerecht aussuchen können, welche Komponenten unseres Verhaltens wir am sinnvollsten gebrauchen wollen – kindlichen Forschergeist und Neugier oder erwachsene Disziplin und Struktur. Es gäbe heute keine Flugzeuge, wenn nicht irgendwann ein Forscher sich spielerisch dem Traum des Fliegens hingegeben und herumexperimentiert hätte. Wir haben Strom, wir haben Aspirin, wir haben Autos, nur weil sich Erwachsene ihren kindlichen Forschergeist, ihre Neugier bewahrt und sie in ihrem Rahmen mit den Eigenschaften der Erwachsenenwelt wie Struktur und Disziplin vereint haben. In diesem Forschergeist, dieser Offenheit

4

und Neugier steckt das Gegenmittel gegen Langeweile und Routine. Was bedeutet das konkret für die Arbeit an einer Beziehung? In erster Linie heißt es, wahrzunehmen, wenn Sie gerade mal wieder auf Autopilot geschaltet haben.

Woran können Sie das erkennen? Vielleicht fällt Ihnen auf, dass Sie Ihrem Partner gerade routiniert und ohne große Anteilnahme einen Abschiedskuss gegeben haben. Vielleicht bemerken Sie, dass Sie ihn nicht mehr wirklich anschauen, dass Sie den Sex mal eben schnell hinter sich bringen wollen und abends selbstverständlich zur Fernbedienung greifen. Sobald Sie bemerken, dass Sie sich auf Autopilot befinden, entscheiden Sie, wie es weitergehen soll. Sie könnten beispielsweise am Abend den Fernseher ausgeschaltet lassen und sich mit Ihrem Partner unterhalten, spontan eine Radtour vorschlagen oder mal wieder zum Tanzen gehen. Statt das Abendessen vor der Flimmerkiste einzunehmen, könnten Sie beide eine kleine Nachtwanderung mit Mondscheinpicknick veranstalten oder ein neues Restaurant mit Ihnen vollkommen unbekannten Speisen ausprobieren. Statt Sex »hinter sich zu bringen«, könnten Sie für prickelnde Abwechslung sorgen, vielleicht durch eine anregende Massage mit duftendem Öl oder Körpermalerei mit flüssiger Schokolade. Was auch immer Sie anders machen als sonst, es geht dabei um Ihre innere Einstellung, also Ihre Lust und Bereitschaft, sich auf etwas Neues einzulassen, zu experimentieren und den Moment zu genießen. So bringen schon kleine Veränderungen mehr Intensität in Ihr Leben.

Schritt für Schritt vorgehen

Nehmen Sie sich am besten erst einmal Kleinigkeiten oder immer nur eine Sache vor, die Sie verändern möchten, damit sich ein Erfolgserlebnis einstellen kann. Wollen Sie zu viel auf einmal oder setzen sich unrealistische Ziele, besteht die Gefahr, dass Sie schnell aufgeben und in den alten Zustand von Mutlosigkeit und Trägheit zurückfallen.

Ihren Autopiloten zu erkennen, ist schon eine wirklich tolle Leistung – der Erkenntnis die notwendigen Taten folgen zu lassen, erfordert jedoch unsere ganze Kraft, Entschlossenheit und Begeisterungsfähigkeit. Gehen Sie also in kleinen Schritten vor, sodass Sie Ihre Ziele auch erreichen können. Schließlich müssen Sie sich ja zunächst selbst motivieren, um über Ihre Ängste vor Neuem hinwegzukommen.

Vielleicht möchte Ihr Partner, einmal aus der Lethargie geweckt, ja viel mehr verändern, als Ihnen lieb ist? Und die Angst, so eine »Lawine loszutreten« und plötzlich alleine dazustehen, die hinter Ihrer Bewegungslosigkeit steckte, bewahrheitet sich (siehe unsere Annahmen und Glaubenssätze Seite 74). Vielleicht werden Sie auch furchtbar enttäuscht, weil sich Ihr Partner von Ihrer Begeisterung überhaupt nicht anstecken lässt und nicht so reagiert, wie Sie sich das erhofft haben. Umso wichtiger ist es, dass Sie rechtzeitig in einem Gespräch die jeweiligen Positionen klarstellen.

Bedürfnisse klären

Wenn eine Beziehung langweilig wird und zu viel Routine aufweist, ist es an der Zeit, eine Bestandsaufnahme zu machen. Wie empfinden Sie momentan Ihr Leben und welche Bedürfnisse haben Sie? Dabei kann die Übung auf der folgenden Seite hilfreich sein. Nehmen Sie sich dafür gut eine halbe Stunde Zeit, in der Sie ungestört sind.

Besprechen Sie die Ergebnisse mit Ihrem Partner mit dem Ziel, einen für Sie beide geeigneten Kompromiss, eine Annäherung zu finden. Unsere Wünsche werden kaum zu einhundert Prozent erfüllt werden und so können wir lernen, unsere starren Vorstellungen loszulassen und uns für Neues zu öffnen (siehe drittes Kapitel ab Seite 65).

Begreifen Sie beide diese Veränderungen in der Routine Ihrer Beziehung als einen Prozess, der Zeit braucht. Es ist ganz normal, dass wir auch mal in alte Verhaltensmuster zurückfallen. Bleiben Sie jedoch am Ball und erinnern Sie sich gegenseitig liebevoll.

Tatsachen und Wünsche

Legen Sie auf einer Seite Ihres Notizbuchs zwei Spalten an. Beginnen Sie mit einer Bestandsaufnahme Ihres jetzigen Beziehungslebens. Schreiben Sie in die linke Spalte, welche Situationen Ihnen missfallen und überlegen Sie genau, was Sie sich stattdessen wünschen würden. Schreiben Sie dies in die rechte Spalte. Das könnte etwa so aussehen:

Damit bin ich unzufrieden:	Stattdessen wünsche ich mir:
Jeden Abend läuft der Fernseher.	Zwei vorher vereinbarte Fernsehtermine und an den anderen Abenden gemeinsame Aktivitäten.
Immer wird vor dem Fernseher gegessen, wir unterhalten uns gar nicht mehr.	Gemeinsam die Mahlzeiten am Esstisch einzunehmen und dabei miteinander über den Tag zu sprechen. Außerdem würde ich bei schönem Wetter gerne auch mal auf der Terrasse essen, spontan an den See fahren, grillen und picknicken.
Immer muss ich kochen.	Ab und zu wieder essen zu gehen oder gemeinsam ein neues Rezept auszuprobieren.
Jedes Wochenende läuft gleich ab: Am Samstag wird geputzt und eingekauft, am Sonntag zu lange geschlafen und der Tag vertrödelt.	Mal ein romantisches Wochenende in einem Wellness-Hotel zu verbringen, sonntags mal wieder eine Kino-Matinee zu besuchen, in eine Therme zu fahren oder mit Freunden zum Brunchen zu gehen.

Aktiv Augenblicke des Glücks entdecken

Auf dem Weg der Routine geht mit der Zeit das Glück verloren. Einfach dadurch, dass wir taub und blind für die kleinen kostbaren Momente des Alltags werden. Wir leben bloß so nebeneinander her, mehr wie in einer Wohngemeinschaft als in einer Paarbeziehung. Die Abläufe sind geregelt, der eine kümmert sich um die Wäsche, der andere trägt den Müll raus, eingekauft wird samstags um elf und Sonntagabend ist »Tatort«-Zeit.

Um Glück zu erleben, brauchen wir wache Sinne und einen offenen Geist. Erst dann können wir uns von der Welt berühren lassen. Neben der Achtsamkeit hilft uns Aktivität, unsere Sinne zu schärfen und gegen die Trägheit anzugehen. Warten Sie nicht darauf, dass Ihr Partner Sie mitreißt. Ergreifen Sie selbst die Initiative.

Intensiv nachforschen

Also, was können Sie für sich tun, das Sie glücklich macht? Horchen Sie ernsthaft in sich hinein und schreiben Sie die in sich aufsteigenden Ideen auf. Manchmal denken wir zwar halbherzig darüber nach, »Ich könnte ja mal …«, doch dann gerät alles schnell wieder in Vergessenheit. Es ist ja auch viel einfacher, dem anderen die Verantwortung dafür aufzuladen, dass wir uns unglücklich fühlen. Denn dann brauchen wir uns nicht selbst um unser Glücklichsein zu kümmern. Das ist nicht nur bequem und unfair, sondern bringt uns auch kein bisschen weiter. Die Übung auf der nächsten Seite hilft Ihnen dabei, Ihr Glück in die eigenen Hände zu nehmen.

Wenn Sie Ihre Überlegungen abgeschlossen haben, schreiben Sie das Ergebnis gut lesbar auf ein DIN-A4-Blatt und hängen es beispielsweise an die Kühlschranktür. So werden Sie ständig daran erinnert, Ihre Vorhaben im Alltag auch umzusetzen.

4

Ü B U N G

Was mich glücklich macht

Nehmen Sie sich etwas Zeit und finden Sie heraus, was Sie selbst für sich tun können, damit Sie glücklich sind. Schreiben Sie es in Ihr Notizbuch.

→ Welche Tätigkeiten, Vorhaben, Erlebnisse, Momente verbinden Sie mit Glück?

- Ich fühle mich glücklich wenn ...

- Es macht mir Spaß, wenn ...

→ Welche kleinen Momente des Alltags lassen Sie zufrieden oder glücklich sein?

→ Was können Sie unabhängig von anderen selbst dazu beitragen, also für sich selbst tun, um diese Glücksmomente im Alltag zu erleben?

→ Was davon möchten Sie zuerst in Ihrem Leben etablieren? (Zum Beispiel einen Saunabesuch.)

→ Wann soll es geschehen? (Zum Beispiel diese Woche, Mittwochabend, 19 Uhr, Ziel: regelmäßig einmal in der Woche.)

→ Was ist dafür der erste Schritt? Wie werden Sie es umsetzen? (Beispielsweise: Kinderbetreuung organisieren, das heißt Babysitter oder Mutter anrufen und sie bitten, auf die Kinder aufzupassen.)

Gemeinsame Vorhaben ausdenken

Nachdem Sie diese Übung jetzt nur für Ihre eigenen Aktivitäten durchgeführt haben, möchte ich Sie einladen, eine weitere Übung zu machen, in der es um gemeinsame Aktivitäten geht, was übrigens auch ungestörte Intimität und Zärtlichkeit mit einschließt. Ihr Partner kann dies parallel für sich selbst durchführen. Sie können dabei an die Übung von Seite 82 anknüpfen und noch weitere Aktivitäten auflisten, die Sie gerne wieder machen möchten oder schon immer mal ausprobieren wollten.

Aktivitäten entwickeln

Legen Sie sich Ihr Notizbuch zurecht und nehmen Sie sich gut eine halbe Stunde Zeit, um die folgenden Fragen zu beantworten.

→ Welche Aktivitäten haben mir früher Freude gemacht?

(Zum Beispiel Segeln, Reiten, Badminton, spontanes Grillen und Zelten, die Nacht durchtanzen, gemeinsam intensiv und lange kuscheln ...)

→ Welche dieser Aktivitäten würde ich gerne wiederbeleben? Zum Beispiel:

Alleine	Mit meinem Partner	Mit Freunden
Töpfern	Die Nacht durchtanzen	Badminton-Spielen
	Störungsfreies Kuscheln	Sponanes Grillen &
		Zelten am See

→ Was für neue Aktivitäten würde ich gerne mal ausprobieren? Zum Beispiel:

Alleine	Mit meinem Partner	Mit Freunden
Klavier spielen	Tangokurs	Ballonfahrt
Singen	Massagekurs	Kanutour
		Kochkurs

→ Sammeln Sie so viele Ideen wie möglich. Sie können diese Liste auch immer wieder ergänzen, wenn Ihnen noch etwas einfällt. Je vielfältiger sie ist, umso abwechslungsreicher und intensiver werden sich Ihre Freizeit sowie Ihre ganz privaten Momente gestalten und umso wacher werden Ihre Sinne. Tauschen Sie sich danach über die Ergebnisse aus.

4

Eine **Reise** von tausend Meilen
beginnt mit dem ersten **Schritt.**

[Laotse | *chinesischer Philosoph (6. Jh. v. Chr.)*]

Die Ergebnisse Ihrer Aktivitätenliste dienen Ihnen erst einmal zur Abstimmung mit Ihrem Partner und dann geht es an die Umsetzung: Finden Sie gemeinsam Möglichkeiten, zumindest schon mal eine der Ideen in Ihrem Alltag zu realisieren. Gehen Sie Schritt für Schritt, Idee für Idee vor, denn alles auf einmal zu wollen, kann Sie schnell überfordern. Es ist auch möglich, dass Sie auf wenig Begeisterung für Ihre Ideen stoßen. Vielleicht hat Ihr Partner keine Lust auf einen Tangokurs. Genauso wenig werden Sie vielleicht Interesse für die Feinheiten der Computerprogrammierung aufbringen.

Wichtig ist, dass Sie sich dann nicht aus Bequemlichkeit oder aus Verlustängsten heraus auf den kleinsten gemeinsamen Nenner einigen und vieles nicht verwirklichen, wozu Sie eigentlich Lust hätten. Sondern dass Sie sich gegenseitig den Raum zugestehen, auch getrennt voneinander ihren jeweiligen Interessen nachzugehen. Das kann sich sehr heilsam auf die Beziehung auswirken, da Sie auf diese Weise langsam aus Ihrem Kokon herauskommen und sich durch die neuen Erlebnisse ausgeglichener und zufriedener fühlen werden.

Begeisterung entwickeln

Es ist eine Herausforderung, aus dem Trägheitsmodus auszusteigen und sich in den Zustand der Aktivität zu bringen. Unsere alten Gewohnheiten und die Macht der Bequemlichkeit lassen uns nicht so schnell los. Eine Empfehlung Buddhas lautet, Begeisterung und freudige Energie aufzubringen, um ein Gegengewicht zur Trägheit zu bilden. Nur wenn wir uns immer wieder bemühen, kann eine Entwicklung in unserem Leben stattfinden. Unser Bestreben trägt jedoch nur Früchte, wenn es von innerer Freude getragen wird. Freude daran, dass wir uns in Richtung Klarheit und Entwicklung unserer besten Qualitäten bewegen. Dadurch wird mit der Zeit unser Leben leichter, was auch unserem inneren Schweinehund schmeckt, denn er mag es ja unkompliziert.

Je mehr wir unsere Qualitäten wie Geduld, Gelassenheit, Güte und Verantwortung, aber auch Neugier und Offenheit entwickeln, wird sich unser Beziehungsleben leichter anfühlen, denn Trägheit und Dumpfheit sind gekoppelt mit Gefühlen von Schwere.

Kleine Etappenziele stecken

Das Wichtigste ist, erst einmal überhaupt wieder zur Aktivität zu finden. Wenn Sie sich zunächst ein erreichbares, kleineres Ziel setzen, schaffen Sie es, den ersten Schritt aus der Routine zu tun (siehe Seite 80). Dieser kann beispielsweise darin bestehen, dass Sie sich das Volkshochschulprogramm Ihrer Stadt besorgen. Ein weiterer, sich über angebotene Kurse und Termine zu informieren. Der nächste Schritt wäre, sich mit Ihrem Partner abzustimmen, und der darauffolgende, sich schließlich für einen Kurs anzumelden.

Manchmal scheitern wir an einem Vorhaben, weil wir uns das Ziel zu hoch stecken und die Schritte zu groß wählen oder zu schnell loslaufen. Das könnte zum Beispiel passieren, wenn Sie sich vornehmen, drei Kurse pro Woche zu belegen – wahrscheinlich erleiden Sie schon bei der Terminabsprache mit Ihrem Partner Schiffbruch. Spätestens aber wenn die Kurse beginnen, würde Ihnen nach der langen Phase der Trägheit solch geballte Aktivität schnell zu viel werden. Sie würden Ihr Vorhaben wahrscheinlich nicht zu Ende bringen und sich entsprechend frustriert fühlen. Jedes Ziel kann

4

unterteilt werden in kleine Etappen und jeder Schritt wiederum in einzelne Schrittchen. Je kleiner die Schritte, umso leichter können wir sie gehen. Was also ist Ihr kleinster Schritt? Seien Sie sich bewusst, dass Sie jederzeit Ihren Schritt verlangsamen dürfen, sodass Sie mit der Veränderung mithalten können. Das Leben ist ein Marathon und kein Sprint.

Machen Sie sich außerdem mit Ihrem angestrebten Ziel vertraut, damit es seine möglichen Schrecken verliert. Informieren Sie sich, lesen Sie Bücher oder schauen Sie im Internet nach. Wenn wir verreisen möchten, wollen wir vorher ja auch so viel wie möglich über unseren Zielort erfahren. Dabei denken wir weniger an die Strapazen der Reise, sondern vielmehr daran, wie wunderschön es am Urlaubsort sein wird, welche Kleidung wir tragen, wie entspannt und wohl wir uns fühlen werden und was wir dort machen und erleben wollen. Also, wie werden Sie sich beim Erreichen Ihres Vorhabens wohl fühlen, was anhaben, was möglicherweise sehen und erleben? Je attraktiver uns das Ziel erscheint, umso größer ist auch unsere Motivation und Kraft, es zu erreichen.

Sobald wir den zähen, klebrigen Trägheitsbrei von uns abgeschüttelt haben, merken wir, dass wir wieder ins Leben zurückkehren und es uns immer leichter fällt, weitere Schritte zu gehen. Wir erleben unseren Partner neu, Licht und Luft kommen in unseren Geist, wir werden körperlich geschmeidiger, erleben weniger Herz-Schmerz, unsere Stimmung hebt sich, und damit hält das Glück wieder bei uns Einzug.

Die Liebe neu entdecken

Mit dem Aufbau von neuen Aktivitäten und den damit verbundenen befreienden Kräften geht auch einher, dass wir uns als Partner neu entdecken. Denn durch die Routine in unserer Beziehung haben wir uns wahrscheinlich als die Menschen, die wir wirklich sind, aus den

Augen verloren. Unbewusst haben wir ein inneres Bild aufgebaut, das nicht mehr unbedingt der Wirklichkeit entspricht. Menschen verändern sich schließlich. Schauen Sie sich Ihren Partner also an, als träfen Sie sich heute das erste Mal. Was für ein Mensch sitzt vor Ihnen? Wie sieht er aus? Was erzählt er Ihnen? Was bewegt ihn? Wie denkt er? Was fühlt er? Wofür interessiert er sich? Die folgende Übung kann eine interessante und wichtige Erfahrung für Sie beide sein und Ihrer Beziehung neuen Schwung geben.

ÜBUNG

Blinddate

→ Verabreden Sie sich an einem romantischen Ort Ihrer Wahl (außerhalb Ihrer Wohnung!) zu einem sogenannten Blind Date – einer ersten Verabredung von Menschen, die sich noch nie gesehen haben.

→ Kleiden Sie sich so, wie Sie sich anziehen würden, wenn Sie eine Verabredung hätten. Lassen Sie sich auf die Idee ein, dass Sie sich noch nie vorher begegnet sind. Vielleicht haben Freunde Sie miteinander bekannt machen wollen, und nun treffen Sie sich zum ersten Mal.

→ Begrüßen Sie sich wie Unbekannte, schauen Sie sich Ihr Gegenüber an. Gefällt Ihnen, was Sie sehen?

→ Kommen Sie miteinander ins Gespräch. Erzählen Sie sich von Ihrem Leben, was Ihnen wichtig ist, was Sie beruflich machen, was Sie daran fasziniert oder auch ärgert, wie Sie gerne leben möchten, was Ihre Hobbys und Interessen sind, Ihre Lieblingsspeisen, welchen Sport Sie treiben, ob Sie Kinder haben und wohin Sie gerne reisen. Es werden Ihnen sicher noch viele andere Punkte einfallen.

→ Versuchen Sie, sich in die Rolle des Nichtwissenden hineinzufinden und sich auf das Erforschen dieses neuen potenziellen Partners einzulassen. Schauen Sie, wie Sie den Abend enden lassen möchten ...

4

In Balance
bleiben

→ Verlangen: Das Hindernis Nummer vier der buddhistischen Psychologie ist das stärkste von allen und beeinflusst alle unsere Lebensbereiche. So wie es unsere Beziehung zusammenhält, kann es sie mit unbändiger Macht zerstören. Es ist also äußerst sinnvoll, sich mit dieser Kraft auseinanderzusetzen und Wege zu finden, mit ihr ausgewogen und achtsam umzugehen.

Suchtfaktor
unersättliches Verlangen

Was auch immer wir in unserem Leben tun – wir werden angetrieben von unserem Verlangen nach Angenehmem. So begehren wir zum Beispiel jemanden, werden süchtig nach dessen Anerkennung und Berührung, brauchen seine Nähe, den Sex und die Zärtlichkeiten. All diese angenehmen Gefühle wollen wir nicht nur haben, wir bleiben auch daran kleben wie die Fliege am Honig.

Im Buddhismus sind Begierde und Festhalten die größten Hindernisse und damit auch die größten Herausforderungen. Denn unser Verlangen wird nie gestillt, wir wollen immer mehr und machen unser Glück abhängig von der Erfüllung unserer Wünsche und Bedürfnisse. Unser ganzes Leben ist von unserer Gier des »Habenwollens« durchzogen, und das schränkt unsere Freiheit stark ein.

Verlangen macht blind

Verlangen trübt unsere Wahrnehmung. Es kann passieren, dass wir einen regelrechten Tunnelblick entwickeln, der alles andere ausblendet. Dann werden wir zu Sklaven unseres Begehrens und versuchen es zu befriedigen, dabei genau wissend, dass es uns nicht guttut. So trinken wir zu viel, obwohl wir wie üblich am nächsten Tag einen Kater haben werden. Wir fallen über den Inhalt unseres Kühlschranks her, wenngleich schon jetzt jede Hose zwickt und wir uns entsprechend unwohl fühlen. Vielleicht verfallen wir auch der Schnäppchenjagd und versinken im Kaufrausch – auch wenn unser Konto sich bereits im Minus befindet und wir nicht mehr wissen, wohin mit all den neuen Sachen. Oder wir schlafen mit einem anderen und gefährden damit unsere Beziehung.

Im Gefängnis unserer Zwänge

Verlangen zu empfinden, also den Impuls zu verspüren, etwas haben zu wollen, ist völlig natürlich. Gefährlich wird es erst, wenn wir die Kontrolle verlieren und nicht mehr Herr oder Frau unserer Begierden sind. Der Kontrollverlust versetzt uns nämlich in eine Zwangslage, in der wir nicht mehr anders können. Wir sind gefangen in unserer Gier, unserer Sucht nach der Erfüllung unserer Bedürfnisse.

Buddha hat die Gefahr dieses unbändigen Verlangens erkannt und als die Hauptursache unseres Leidens bezeichnet. Und so gab er uns konkrete Anweisungen, wie wir dem extremen Habenwollen entgegenwirken können, damit wir uns mit der Zeit wesentlich entspannter, unabhängiger und freier fühlen.

Selbstbestimmung ist möglich

Die Vorboten des Verlangens sind unsere blitzschnell einschießenden Bewertungen von allem, was uns begegnet, als »gut« oder »schlecht«, auf die wir dann mit Habenwollen (Verlangen) oder Nichthabenwollen (Ablehnung) reagieren. Diese inneren, automatisch ablaufenden Regungen lassen in uns Gefühle wie Zuneigung und Liebe oder Ärger und Hass, also Glück oder Unglück entstehen. Ja nach Situation entwickeln sich daraus heftige Streitgefechte, liebende Nähe oder eisige Distanz.

Wenn es uns gelingt, unsere wertenden Gedanken zu identifizieren, können wir uns aus dem Gefängnis unserer automatischen Reaktionen befreien und haben die Wahl, ob wir dem Verlangen nach »mehr von …« oder »weniger von …« folgen wollen. Oder ob wir uns entschließen, andere Wege zu gehen, die langfristig für unsere Beziehung und uns selbst förderlicher sind. Diese Möglichkeit der Selbststeuerung verändert unser gesamtes weiteres Leben, da wir nicht mehr wie ein Spielball hilflos unseren Gefühlen und Begierden

5

ausgeliefert sind, sondern wesentlich gezielter und konstruktiver unser Leben und Miteinander gestalten können.

Weisheitsgeschichte

Nach einem langen Wandertag erreichte ein Mönch ein kleines Dorf. Er ließ sich dort unter einem Baum zur Nacht nieder. Plötzlich hörte er, wie ein Dorfbewohner ihn anrief: »Den Stein! Gib mir den kostbaren Stein!«
»Welchen Stein?«, fragte der Mönch irritiert. »Letzte Nacht träumte ich von dir, dass du mir einen Stein gibst, mit dem ich für immer reich werde. Gib ihn mir, jetzt sofort!«
Der Mönch durchwühlte seine Tasche und holte einen Stein hervor. »Wahrscheinlich meinst du diesen. Hier, nimm ihn. Ich hab ihn auf einem Feldweg aufgelesen.« Staunend betrachtete der Dorfbewohner den glitzernden Diamanten. Doch zu Hause angekommen konnte er die ganze Nacht nicht schlafen.
Am anderen Morgen ging er zum Mönch und sagte: »Ich bitte dich, schenk mir den Reichtum, der es dir ermöglicht, diesen Diamanten so leichten Herzens wegzugeben, denn wer etwas so Kostbares ohne weiteres loslassen kann, den halten Ehrgeiz, Geldgier und Eitelkeit nicht länger gefangen, und der besitzt den inneren Reichtum wahrhafter Gelassenheit«.

Welche Empfindungen überwiegen bei uns?

Wie wir schon im einleitenden Kapitel gesehen haben, bestehen die meisten Beziehungen aus einer Mischung von Liebe, Verlangen und Anhaftung. Wichtig ist, dass wir uns darüber Klarheit verschaffen, wie die Gewichtung bei uns verteilt ist und was wir eigentlich empfinden. Erst dann können wir Kurskorrekturen vornehmen, unerfüllbare Erwartungen loslassen und uns entspannen. Das schafft eine gelassenere

Atmosphäre in der Beziehung, die es uns ermöglicht, die Eigenheiten des anderen mit einem liebevolleren Blick anzunehmen und uns gegenseitig durch den Anspruch auf eine perfekte Beziehung nicht so sehr unter Druck zu setzen.

ÜBUNG

Bestandsaufnahme der Gefühle

In dieser Übung möchte ich Sie dazu einladen, sich etwas mehr Klarheit über Ihre Gefühle zu verschaffen. Nehmen Sie sich dafür etwa eine ungestörte halbe Stunde Zeit und versuchen Sie, so spontan wie möglich zu antworten. Schreiben Sie die Antworten in Ihr Notizbuch.

→ Wie fühlte ich mich, als ich meinen Partner kennengelernt habe?

• War ich gerade einsam, habe ich mich verlassen gefühlt und mich nach einer Beziehung gesehnt?

• Fühlte ich mich in meiner Mitte, war ausgeglichen und zufrieden, vielleicht sogar glücklich mit mir alleine?

→ Was ist die Ursache meiner Zuneigung zu meinem Partner?

• Füllt er meine Leere aus?

• Erfüllt er meine Ansprüche (attraktiv, treu, bietet Sicherheit und so fort)?

• Habe ich das Bedürfnis, ihn beschenken zu wollen?

→ Was überwiegt: die sexuelle Anziehung oder die menschliche Verbundenheit? Sonstiges?

→ Wenn mein Partner sich nicht gemäß meinen Vorstellungen verhält, bleibt die Zuneigung stabil oder nimmt sie ab?

→ Wäre meine Liebe eine Torte, wie groß wäre das Stück Anhaftung und wie groß die tatsächliche liebende Zuneigung?

5

Wege aus typischen Beziehungs- problemen

Wenn wir sehr stark an unserem Partner haften, neigen wir zu einengendem Kontroll- und Klammerverhalten, das die Beziehung stark belastet. Eifersucht, Machtspiele und ständige Streitereien sind die Folge. Im Folgenden möchte ich die durch übermäßiges »Haben-wollen« häufig entstehenden Beziehungsprobleme aufgreifen und Ihnen Möglichkeiten vorstellen, auf buddhistische Weise damit umzugehen, sodass Sie langfristig mehr Gleichgewicht erlangen.

Herausforderung unerfüllbare Erwartungen

Sie wünscht ihn sich sanft und männlich beschützend, außerdem attraktiv, denn das Auge isst ja schließlich mit. Gut ausdrücken sollte er sich können, seine Partnerin überraschen und mitreißen und bloß kein Stubenhocker oder Couch-Potatoe sein. Eine gewisse Sportlich-keit wäre nicht schlecht, aber bloß nicht übertreiben. Beruflich sollte er möglichst erfolgreich sein, jedoch nicht zu viele Überstunden machen und am Abend entspannt sein. Religiös, politisch und kulturell sollte er mit ihr auf einer Wellenlänge liegen und, ach ja, ein Gott im Bett sein und treu. Er wünscht sie sich möglichst sportlich, schlank und weiblich zugleich. Anschmiegsam sollte sie sein, doch gleichzeitig einen eigenen Kopf haben und mit Intelligenz gesegnet sein, denn er möchte sich auch mal unterhalten können. Sie müsste ihn ab und zu, ohne Theater zu machen, mit seinen Kumpels um den

Block ziehen lassen. Außerdem sollte sie bodenständig, doch in den entscheidenden Momenten voller Überraschungen sein …

Was sich liest wie eine abgedrehte Wunschliste an den Weihnachtsmann, ist nur ein Ausschnitt aus den üblichsten Wünschen an potenzielle Partner. Auch wenn unsere Wirklichkeit ganz anders aussieht, schleppen wir im Geiste diese Liste mit uns herum, vergleichen unseren Alltag damit und sind unzufrieden.

Der Wunsch nach dem perfekten Partner

Am Anfang der Beziehung glauben wir vielleicht noch, dass sich alles irgendwie wunschgemäß entwickeln wird, dass wir die schon zu Beginn sichtbaren »Mängel« nach und nach ausbügeln können, wenn wir unseren Partner nur richtig erziehen. Mit der Zeit jedoch merken wir zunehmend, dass unser Erwählter änderungsresistent ist. So ein Mist! Und jetzt? Heißt das, dass wir uns wieder auf die Suche begeben müssen, um Mr. Supermann oder Mrs. Superfrau endlich zu finden? Wir haben grundsätzlich die Wahl. Allerdings wird es eine Wahl der Qual werden, denn irgendetwas wird uns immer stören.

Es ist wie mit einem Auto. Erst ist es neu, und wir freuen uns, haben ein sicheres Gefühl, doch mit der Zeit entdecken wir die Schwachstellen der Marke, die wir vorher nicht bedacht haben. Dann fahren wir den Wagen in die Werkstatt, doch die Mankos lassen sich nicht reparieren. Wir könnten jetzt das Modell wechseln, was vielleicht für einige Zeit gut geht, doch früher oder später wird auch dieses Auto seine serienmäßigen Mängel, Pannen und Defizite haben. Bleiben wir bei einer Marke, wissen wir zumindest, worauf wir uns einstellen müssen, und können lernen, damit umzugehen. Den »perfekten« Partner gibt es leider nur im Märchen. Und da wir es in Beziehungen meistens mit »Gebrauchtwagen« zu tun haben, die schon einiges an Erfahrung und Macken in ihrem Leben mitbekommen haben, werden wir nicht umhinkommen, uns damit liebevoll anzufreunden.

5

Der Wunsch nach Symbiose

Ein weiteres Phänomen, das in vielen Beziehungen auftaucht, ist die Erwartung, dass der Partner nur und ausschließlich für uns da ist, also unser gesamtes Verlangen nach Beziehung, Nähe, Kontakt und Ansprache befriedigt. Er soll dazu bereit sein, rund um die Uhr und bis ans Lebensende für unser Glück zu sorgen – wie eine Tankstelle mit einem nie versiegenden Angebot. Eine Erwartung, die wir auch einfordern. Das große Verlangen, dass der andere uns etwas geben, auf uns eingehen, uns glücklich machen soll, steht hier im Vordergrund. Doch früher oder später fühlt sich unser Partner leer und ausgelaugt (siehe Seite 23). Unser anhaftendes, gieriges Verhalten schafft Leid auf beiden Seiten und führt zu quälenden Gefühlen der Unzufriedenheit, der Wut, Erschöpfung und Leere.

Doch wir hören nicht auf, die Befriedigung unseres Verlangens einzufordern, und so manövrieren wir uns in eine Sackgasse hinein, an deren Endpunkt wir entweder resignieren oder unsere Frustration durch Seitensprünge kompensieren. Besonders fatal ist es, wenn die eigenen Kinder zu Verbündeten gemacht werden und die Beziehung zu ihnen intensiviert wird, um das Verlangen nach Nähe und Zuneigung zu befriedigen. Dieses Verhalten verunsichert und überfordert Kinder sehr und kann zu großen Schäden in ihrer Entwicklung führen. Was können wir also tun, um extremer Anhaftung entgegenzuwirken?

Das Netzwerk erweitern

Obwohl es vielleicht unsere Wunschvorstellung ist – eine Paarbeziehung kann auf Dauer nicht die einzige Quelle von Zuneigung und Wärme sein. Es überfordert uns und unseren Partner kolossal, wenn wir uns gegenseitig unser gesamtes Bedürfnis nach Nähe, Zärtlichkeit, Ansprache und Geborgenheit erfüllen sollen. Darum ist es notwendig, dass wir uns auch um Kontakte außerhalb der Beziehung bemühen. Wir könnten vernachlässigte Freundschaften wiederaufleben lassen oder neue Bekanntschaften knüpfen, den Kontakt zu den eigenen Eltern und Verwandten intensivieren und die Paarbeziehung somit in ein soziales Netz persönlicher Beziehungen eingliedern. Damit entlasten wir uns selbst genauso wie den Partner bei unserem Bedürfnis nach Kontakt, Nähe und Ansprache.

Weisheitsgeschichte

Ein Mädchen wollte ihren Geliebten heiraten. Der Vater, nicht erfreut über die Verbindung, wusste aus Erfahrung, was die Liebe tötet. Er gab ihnen ein winziges Zimmer, welches sie dreißig Tage lang pausenlos miteinander bewohnen sollten. Das Mädchen war begeistert. Ein paar Tage ging alles gut, doch dann begann sich Langeweile auszubreiten. Nach einer Woche sehnte sie sich nach anderer Gesellschaft, denn alles, was ihr Liebster tat oder sagte, trieb sie zur Weißglut. Nach zwei Wochen hatte sie den Mann so satt, dass sie anfing, zu schreien und mit den Fäusten an die Zimmertür zu hämmern.

Als sie schließlich herausgelassen wurde, umarmte sie ihren Vater stürmisch und voller Dankbarkeit, dass er sie vor dem Mann gerettet hatte, den sie nun nicht mehr um sich haben wollte.

Eine heilsame Beziehung zu sich selbst aufbauen

Parallel zu dieser nach außen gerichteten Veränderung in der Partnerschaft ist es notwendig, dass wir beginnen, eine heilsame und ausgewogene Beziehung zu uns selbst herzustellen. Denn solange unsere Beziehung auf Mangel basiert und wir von unserer Außenwelt die Erfüllung unseres Glücks und unserer Zufriedenheit fordern, werden wir weiter in Verlangen und Unglück verharren. In Tibet wurden die praktizierenden Buddhisten auch »Nangpas« genannt – die, die den inneren Weg gehen. Wenn wir tibetische Geschichten lesen, erfahren wir, dass die meisten eine große Familie mit Großeltern, Kindern und Enkelkindern hatten und sehr weise und liebevoll mit ihnen umgingen, jedoch nie abhängig von ihrem Partner oder der Zuneigung ihrer Familie waren. Ihr Herz war durch die innere Praxis so groß, dass sogar noch Kraft und Zuneigung für Nachbarn und Schüler blieben, die sie besuchten.

Der buddhistische Weg macht uns unabhängig und somit fähig, wahrhaft zu lieben, da wir beginnen, uns selbst zu nähren und mit Liebe zu füllen, anstatt von anderen zu erwarten, dass sie uns »befüllen«. Dieser innere Weg ist der Weg der Meditation. Setzen wir uns zum Meditieren nieder, bekommen wir Platz und Raum, um uns selbst wieder näherzukommen. Normalerweise erwarten wir von unserem Partner, dass er uns annimmt, tröstet und sagt, dass wir in Ordnung sind, damit wir uns besser fühlen. Durch die Meditation lernen wir, selbst mit uns Frieden zu schließen und uns so anzunehmen, wie wir sind. Erst dann können wir auch unseren Partner wahrhaft lieben. Auf der nächsten Seite möchte ich Ihnen eine Meditation vorstellen, in der Sie sich darin üben können, liebevoll sich selbst zuzuwenden.

Der Mensch bringt täglich
sein Haar in Ordnung,
das er höchstens bis zum Tode trägt;
warum ordnet er nicht auch täglich sein Herz,
das alles Glück und alle Qual
auch der späteren Leben erzeugt?

[Indische Weisheit]

Meditation: Liebevoll sich selbst zuwenden

→ Setzen Sie sich wie gewohnt in eine aufrechte und würdevolle Position und kommen Sie über den Atem zur Ruhe. Wenden Sie nun Ihren Blick nach innen und sich selbst zu.

→ Schenken Sie Ihren Forderungen Gehör. Vielleicht erleben Sie sie als hin und her schießende Gedanken: »Er soll endlich das tun, was ich von ihm will! Ist ein bisschen Nähe denn zu viel verlangt?« Nehmen Sie sie einfach nur zur Kenntnis, ohne darauf mit Nachdenken zu reagieren.

→ Achten Sie auf Ihre Gefühle, vielleicht können Sie Bedürftigkeit und Ärger spüren oder auch Ihre Einsamkeit. Widmen Sie sich ihnen mit liebevoller Aufmerksamkeit, indem Sie sich erlauben, sich wütend, einsam, traurig und vernachlässigt zu fühlen. Vielleicht fließen Tränen, das ist völlig in Ordnung. Sitzen und atmen Sie mit der Traurigkeit und erlauben Sie ihr, dass sie da sein darf. Spüren Sie Ihre Einsamkeit, vielleicht fühlen Sie sie körperlich in Ihrer Herzgegend, und erlauben Sie ihr, dass sie da sein darf. Sagen Sie sich: »Ja, es ist in Ordnung, einsam/traurig zu sein. Einsamkeit/Traurigkeit, es ist in Ordnung, dass du da bist.« Nehmen Sie jedes Gefühl, das auftaucht, auf diese Weise an, jedoch ohne sich in Gedanken zu verlieren oder ins Grübeln abzugleiten.

→ Beenden Sie die Meditation, indem Sie sich noch einmal voller Liebe sich selbst zuwenden. Sprechen Sie nach ein paar ruhigen Atemzügen die folgenden Sätze laut oder in Gedanken zu Ihrem Herzen hin. Sie können auch einfach eigene Wünsche formulieren.

Möge ich glücklich sein.

Möge ich frei von Schmerz und Leid sein.

Möge ich Freude erleben.

Möge ich gelassen und gleichmütig sein.

5

Machen Sie diese Meditation möglichst täglich. Sie werden sehen, wie gut es Ihrer Beziehung tut, denn statt wie bisher die Zuneigung Ihres Partners für sich einzufordern, können Sie ihn aus dem Überschuss, der sich mit der Zeit der Übung in Ihnen aufbaut, mit Liebe beschenken. Das ist das Herz des buddhistischen Beziehungsmanagements.

Der Mythos der Freiheit und die Kunst des Loslassens

Eine weitere Herangehensweise, auf die wir immer wieder zurückkommen, ist, sich im Loslassen zu üben. Das ist nicht einfach, wenn wir etwas haben oder behalten wollen. Wenn wir uns in eine Sache verbissen haben, können wir im Körper ein hohes Maß an Anspannung wahrnehmen, dass wir beispielsweise die Fäuste ballen oder die Zähne aufeinanderpressen, bis unsere Kiefermuskeln schmerzen. »Ich will ...!« ist der Satz des absoluten Verlangens, des Habenwollens. Dieses Sichverbeißen kettet uns an das Objekt unserer Begierde und macht uns unfrei. Schaffen wir es, uns aus diesem Zwang zu lösen, erhalten wir unsere Freiheit und Unabhängigkeit wieder. »Schön, doch wie geht das konkret?«, mögen Sie sich jetzt fragen. Wieder hilft uns Achtsamkeit, aber auch die Übung in Großzügigkeit.

Mit Verlangen umzugehen, ist eine große Herausforderung für unsere Achtsamkeitsmuskeln und vergleichbar mit der Besteigung des Mount Everest. Doch mit der nötigen Beharrlichkeit und regelmäßigem Üben gelangen wir Schritt für Schritt zu unserem Ziel.

Es ist schließlich schon ein großer Fortschritt, wenn wir überhaupt bemerken, dass wir in unserer Begierde gefangen sind und einem Zwang unterliegen, ihr zu folgen. Unser erster Schritt besteht also wieder darin, wahrzunehmen, was geschieht, und die typischen Merkmale des Verlangens, der Gier und des Habenwollens zu identifizieren. Die folgende Übung soll Ihnen helfen, Ihre Achtsamkeit dafür im Alltag zu verfeinern.

Verlangen identifizieren

Fällen Sie am Morgen die Entscheidung, einen ganzen Tag lang auf Momente des Habenwollens zu achten, und sensibilisieren Sie auf diese Weise Ihre Achtsamkeit.

→ Welche Gedanken sind für Situationen des Begehrens typisch?

Beispielsweise:»Hm, sieht das aber lecker aus!« Oder: »Whow, hat die eine tolle Figur!« Oder: »Wenn ich die Tasche/das Notebook hätte, dann wäre ich attraktiver und endlich glücklich!«

→ Welche Körperempfindungen gehen mit dem Verlangen einher?

Zum Beispiel ein Brennen oder Kribbeln im Magen oder in den Fingern, ein sehnsuchtsvolles Ziehen im Herzen ...

→ Was passiert dann, wie reagiert Ihr Körper?

Vielleicht schnappen Sie sich das Stück Torte vom Buffet oder drehen sich um und schauen der schönen Frau/dem schönen Mann hinterher oder gehen in den Laden hinein ...

→ Wodurch macht sich das Nachlassen des Verlangens bemerkbar?

Vielleicht kommt ein Gefühl der Entspannung auf und Sie können sich wieder etwas anderem zuwenden ...

5

Warnsignale rechtzeitig erkennen

Wiederholen Sie die Übung möglichst oft, denn sie gibt Ihnen wichtige Informationen, die Sie in zukünftigen Verlangenssituationen nutzen können. So gelingt es Ihnen, Ihr Begehren als solches zu identifizieren und dann für sich zu entscheiden, wie es weitergehen soll. Ein Beispiel: Im Gegensatz zu Ihnen hat Ihr Lebensgefährte vielleicht ein etwas, sagen wir, unverkrampftes Gefühl für Pünktlichkeit und hält immer gerne mindestens die akademischen fünfzehn Minuten ein. Das bringt Sie zur Weißglut, denn Sie haben den

Anspruch, pünktlich zu sein. Durch achtsame Selbstbeobachtung können Sie wahrnehmen, wie sich Ihr Körper anspannt und Ihr Gesicht sich verhärtet. Sie erkennen, dass Gedanken wie »Ich will nicht wieder zu spät kommen! Kann er sich nicht endlich mal beeilen? Jedes Mal das gleiche Theater!« durch Ihren Kopf jagen, dass Ihr Puls sich beschleunigt, sich ein Kloß im Magen zusammenballt und Sie langsam immer ungeduldiger und wütender werden.

Wer von Ihnen beiden im Recht ist, lassen wir jetzt außen vor. Wichtig ist, dass Sie Ihre Gedanken und Körperempfindungen als Warnsignale nutzen, also bewusst mitbekommen, dass Sie sich in Ihren Anspruch auf Pünktlichkeit verbissen haben und ihn um jeden Preis durchsetzen wollen. Statt nun wie gewöhnlich die Spannung auszuagieren, indem Sie einen Streit vom Zaun brechen, halten Sie inne, zentrieren sich für einen Moment durch Ihren Atem, lassen ihn in Ihren Bauch fließen und entscheiden dann bewusst, wie sich die Situation weiterentwickeln soll.

Was möchten Sie eigentlich? Einen entspannten Abend genießen? Bringt es Ihnen etwas, sich im Drama des Aufschaukelns zu verstricken? Ändern Sie damit das Verhalten Ihres Partners, wird er plötzlich superpünktlich werden? Nein? Dann entscheiden Sie sich bewusst, von Ihrem verkrampften Wollen Abstand zu nehmen, lösen Sie sich innerlich davon, Ihre Vorstellungen durchzusetzen. Je nachdem, was Sie vorhaben, können Sie die Zeit, die Ihnen nun geschenkt wurde, nutzen, um sich atmend zu entspannen oder zum Fenster hinauszuschauen. Oder Sie können sich unabhängig machen und schon ohne Ihren Partner losfahren.

Diese Fähigkeit, sich von Gedanken und Gefühlen zu lösen, haben Sie bereits in der Meditation auf den Atem (siehe Seite 50) geübt, und nun kommt sie ganz konkret im Alltag zur Anwendung. Genau für diese Situationen meditieren Sie! Je besser Ihr Geist durch die Meditation im Loslassen bereits geübt ist, umso leichter fällt Ihnen die konkrete Anwendung in einer Akutsituation. Wenn Sie sich auf diese Weise beruhigt haben, können Sie, sobald Ihr Partner heimkommt, in normalem Ton mit ihm reden und ihm erklären, was durch seine Verspätung ausgelöst wird (etwa Verfall der Theaterkarten) und wie Sie sein Verhalten empfinden (zum Beispiel als Respektlosigkeit Ihnen und/oder den Leuten gegenüber, bei denen Sie eingeladen sind). Wenn Sie dann noch die wichtigen Kommunikationsregeln beachten (siehe Seite 116), was Ihnen nur in einem »abgeregten« Zustand gelingt, kann Ihr Partner die Kritik ganz anders annehmen und wird sich wahrscheinlich das nächste Mal mehr bemühen.

Bewusste Entscheidungen fällen

Ob in der Meditation oder in Alltagssituationen, wir brauchen die bewusste innere Entscheidung, um uns von etwas zu lösen und uns etwas anderem zuzuwenden, was auch immer es ist. Es kann der Atem, aber auch eine Tätigkeit sein. Vielleicht klappt es nicht sofort, doch Übung macht den Meister. Wir beginnen mit kleinen alltäglichen Situationen, dann erhöht sich der Schwierigkeitsgrad bis hin zu Extremsituationen, in denen uns unsere Begierde schier den Atem verschlägt, weil uns jemand dermaßen reizt, dass wir unserem Partner am liebsten untreu werden würden. Das ist dann unser Mount Everest, für den wir trainiert haben. Und auch hier wird es uns möglich sein, durch das Training einen kühlen Kopf zu bewahren, das brennende Verlangen zwar zu spüren, doch statt kopflos zu handeln, bewusst zu entscheiden, wie es nun weitergehen soll.

Die Kraft des Verschenkens

Eine ganz typische Übung des Loslassens im Buddhismus ist die Übung des Verschenkens. Sie trainiert uns darin, alles, woran wir unser Herz hängen, wegzugeben und uns davon zu lösen. Es ist ein geschicktes Mittel, denn es programmiert unsere Schaltkreise im

Gehirn um: von der Gewohnheit des Festhaltens auf Loslassen und Großzügigkeit. Alles auf dieser Erde unterliegt der Vergänglichkeit, wir können nichts auf Dauer festhalten oder konservieren. Unsere Beziehung wandelt sich, Menschen kommen und gehen, unser Körper altert Sekunde um Sekunde und wird irgendwann einmal sterben. Das ist die Grundlage unseres Lebens und die des ganzen Universums.

Auch wenn wir vielleicht meinen, das akzeptiert zu haben, klammern wir uns selbst, Freunde, Partner, Kinder oder Eltern aus diesem universellen Gesetz aus. Wir versuchen alles zu tun, damit hier die Vergänglichkeit nicht zuschlägt. Dieses Festhalten ist immens anstrengend. Dauernd sind wir mit Sicherungsmaßnahmen beschäftigt, vergewissern uns der Liebe unseres Partners, forschen nach, ob er nicht vielleicht doch fremdgeht, telefonieren ihm hinterher und fallen unserem Umfeld zunehmend auf die Nerven. Habenwollen, halten und sichern, das ist unsere Devise. Damit sind wir festgekettet an unser Handy, an die Fitness und das äußere Erscheinungsbild unseres Körpers, an unsere Angst, zu verlieren, was uns lieb ist (oder woran wir anhaften und was wir mit Liebe verwechseln), und darüber verlieren wir uns selbst.

Weil unser Geist von der Angst
so oft in einen Zustand
der Verwirrung geworfen wird,
haben wir die Fähigkeit verloren,
mit den wunderbaren Dingen des Lebens
in Kontakt zu kommen.

[Thich Nhat Hanh | *vietnamesischer Meditationsmeister*]

Dieses Problem gab es schon zu Buddhas Zeiten, und er stellte seinen Schülern die Aufgabe, alles, woran sie hingen, zu verschenken. Das Ziel war, einen friedvollen Geist zu kultivieren, der nicht von Haben-wollen, Hoffnung und Furcht aufgewühlt ist. Die Übung des Verschenkens vereinfacht das Leben. Je weniger wir besitzen, umso weniger haben wir, worüber wir uns Sorgen machen können.

Dieses Schenken kann konkret durchgeführt werden, aber auch imaginär, sobald wir merken, dass wir an etwas kleben bleiben und es haben wollen. Was kann das für unseren Alltag bedeuten?

Gehen wir davon aus, Sie treffen Ihren Expartner wieder. Sie haben ihn wirklich sehr geliebt, und er gefällt Ihnen noch heute. Doch Sie haben eine neue Beziehung, während er mittlerweile getrennt lebt. Nun haben Sie sich auf einen Kaffee getroffen. Wie sie so zusammensitzen, bemerken Sie, dass es zwischen Ihnen prickelt. Er sieht so gut aus, und sie sind sich so vertraut … zu Hause müssen Sie dauernd an ihn denken. Verschenken Sie diesen tollen Mann oder diese tolle Frau in Ihrem Geiste an eine imaginäre andere tolle Frau oder einen umwerfenden Mann und wünschen Sie ihm oder ihr alles Gute!

Verschenken stärkt die Großzügigkeit

Üben Sie dieses Verschenken immer und immer wieder, sobald Sie merken, dass Gedanken aufkommen, in denen Sie sich auf Träumereien und Verlangen einlassen könnten. Verschenken Sie Ihren Expartner, verschenken Sie seinen tollen Geruch, seine Künste im Bett. Möge sich eine andere Frau oder ein anderer Mann daran erfreuen. Dieses Verschenken ist eine Übung darin, immer großzügiger zu werden und immer weniger für unser Ego zurückzubehalten. Es mag eine Herausforderung sein, doch es wirkt.

Die folgende Übung dient dazu, das Herschenken zu üben. Sie können sie so oft machen, wie es Ihnen stimmig erscheint. Wenn einem ganz viele Dinge einfallen, neigt man dazu, alles auf einmal erledigen zu wollen. Nehmen Sie sich jedoch am Anfang nur maximal drei der wichtigsten Dinge oder Situationen vor, mit denen Sie arbeiten möchten. Geben Sie sich danach Zeit, die Übung nachwirken zu lassen. Mit ein bisschen Abstand können Sie dann an einem anderen Tag weitere Objekte folgen lassen, sodass Sie sich Sitzung für Sitzung darin üben, alles, woran Sie hängen, herzuschenken.

ÜBUNG

Die Welt beschenken

Sie brauchen für diese Übung so viele Blüten, wie Sie Objekte zum Verschenken haben, und ein fließendes Gewässer wie einen Bach oder einen Fluss. Besorgen Sie ruhig etwas kostbarere Blüten, denn sie sollen Symbole für Ihre Objekte sein, an denen Sie im Augenblick festhalten oder die Sie begehren.

→ Benennen Sie Ihre Objekte (meine pubertierenden Kinder, mein Partner, mein Liebhaber, mein Exmann, guter Sex, ständige Harmonie, Sicherheit ...).

→ Lassen Sie eines dieser Objekte vor Ihrem geistigen Auge Gestalt annehmen, setzen Sie es in Ihrer Vorstellung auf die Blüte, sagen Sie laut oder still in Ihren Gedanken »Mögest du in Frieden ziehen und das Glück der Welt bewirken« oder einen anderen für Sie stimmigen Satz. Lassen Sie nun die Blüte vom Wasser davontragen. Lösen Sie sich von Ihrem Objekt der Begierde in dem Wissen, es der Welt geschenkt zu haben.

→ Fahren Sie so mit jedem Objekt fort.

→ Sitzen Sie danach noch einen Augenblick in Stille da und schließen Sie die Übung ab, indem Sie die Wünsche am Schluss der Meditation von Seite 101 in Du-Form sprechen und auf diese Weise allen lebenden Wesen auf der Erde Glück, Frieden und Wohlergehen wünschen.

Herausforderung Aggression und Missverständnisse

Werden Sie schnell wütend? Gehören permanenter Streit, Vorwürfe, das Knallen von Türen und Liebesentzug, vielleicht sogar körperliche Gewalt zu Ihrem Beziehungsalltag? Dann hat Sie die Anhaftung fest im Griff, denn Aggression ist eines ihrer typischsten Zeichen.

Gründe, wütend zu werden, gibt es sicher viele. Vielleicht haben wir ganz bestimmte Vorstellungen davon, wie etwas laufen sollte, doch unser Partner verhält sich komplett unseren Abmachungen oder Wünschen zuwider. Vielleicht fühlen wir uns aber auch provoziert und angegriffen, weil er auf unseren Schwachstellen herumtrampelt und mit aller Präzision unsere schmerzhaften Knöpfe drückt.

Wir schießen mit scharfen Worten zurück, verteidigen uns oder strafen den Partner mit eisiger Nichtbeachtung und Liebesentzug, sodass es ihm vollkommen unmöglich wird, sich um Wiedergutmachung zu bemühen. Wir lassen ihn dabei regelrecht am ausgestreckten Arm verhungern. In beiden Fällen wollen wir dasselbe: dass er fühlt, was wir fühlen, nämlich Schmerz.

Aggression schafft Leid

Ob Aggression offen und laut ausgetragen wird oder passiv durch Verweigerung – beide Verhaltensweisen lösen großes Leid bei allen Beteiligten aus. Wir hoffen zwar, dass das quälende, bohrende Gefühl in unserem Herzen aufhört, wenn wir unserer Wut freien Lauf lassen, doch nach einem kurzen Gefühl der Genugtuung kommt der Schmerz zurück. Der Schmerz über unser Getrenntsein, über den Mangel an Liebe und wärmender Zuneigung und über das Gefühl, uns verloren und uns gegenseitig tiefe Wunden zugefügt zu haben.

Und nicht nur das, je häufiger wir Wut ausagieren, umso mehr entwickeln wir die fatale Neigung immer schneller aus der Haut zu fahren. Wie

5

durch eine Wutbrille nehmen wir überall nur noch Ärger, Hass und Aggression wahr und erzeugen mehr und mehr Schmerz bei uns und unserem Umfeld.

Doch wie festgefahren auch immer Ihre Situation zu sein scheint – Ihre Beziehung kann sich wieder zum Guten wenden, wenn Sie beginnen, Ihren Beitrag dazu zu leisten. Solange Sie jedoch auf Ihrem Standpunkt beharren, dass sich erst Ihr Gegenüber ändern soll, bevor Sie selbst beginnen, wird sich nichts lösen.

Üben Sie sich also in Großzügigkeit (siehe auch Seite 42) und machen Sie den Anfang. Inspiriert durch erste Erfolge wird auch Ihr Partner mit der Zeit sein Verhalten ändern.

Weisheitsgeschichte

Einst besaß ein König einen Jagdhund. Eines Tages rannte der Hund in einen Saal des Schlosses, der überall mit Spiegeln ausgekleidet war und sah sich plötzlich von Hunderten Jagdhunden umringt. Wütend fletschte er die Zähne, und Hunderte Hunde fletschten ebenfalls die Zähne. Wild vor Wut hetzte der Hund durch den Saal, und alle Hunde verfolgten und jagten ihn, bis er vor Erschöpfung tot zusammenbrach. Ach, hätte er doch nur einmal freundlich mit dem Schwanz gewedelt ...

Ursache und Wirkung

Immer wenn wir uns gerade maßlos ärgern, vielleicht enttäuscht oder verletzt worden sind, ist die Versuchung groß, in den offenen Kampf zu gehen. Die Worte, die dann unseren Mund verlassen, sind extrem schneidend und verfehlen selten ihr Ziel. Obwohl wir auf diese Art unserem Gegenüber klarmachen möchten, wie dringlich unser Anliegen ist und wie verletzt wir sind, kommen nur Bruchstücke unserer Botschaft bei ihm an. Denn unser Partner ist so sehr mit

Gewaltlosigkeit hat die Macht zu heilen.
Weder uns selbst noch anderen zu **schaden**
ist das **Fundament**
einer **erleuchteten** Gesellschaft.

[Pema Chödrön | *buddhistische Meditationslehrerin*]

seinem eigenen Schutz beschäftigt, dass er den Inhalt unserer Worte nicht mitbekommt. Gedanken sind die Vorboten unserer Handlungen, und Handlungen sind die Manifestationen unserer Gedanken. Was auch immer wir tun, wir ernten, was wir säen. Dies ist das universelle Gesetz von Ursache und Wirkung, im Buddhismus auch Karma genannt.

Alles, was wir denken, prägt unsere Wahrnehmung der Welt und unsere Handlungen, die wir den Gedanken folgen lassen. Die Handlungen prägen wiederum unsere Umwelt, welche auf diese entsprechend reagiert. Die Gegenreaktion bekommen wieder wir zu spüren und reagieren darauf wiederum mit einer Gegenreaktion. Schreien wir also unseren Partner mit scharfen Worten an, wird er sehr wahrscheinlich zurückschreien. Auf diese Weise setzen wir ein Pingpongspiel von Reaktion und Gegenreaktion in Gang, das sich immer weiter aufschaukelt.

Wenn wir uns unseres Handelns und seiner Konsequenzen nicht bewusst sind, ist es uns nicht möglich, aus diesem Reaktionskreislauf auszusteigen. Bekommen wir allerdings ein Bewusstsein für die Abläufe, können wir uns neu entscheiden und aus dem zwanghaften Wechselspiel, beispielsweise des gegenseitigen Anschreiens und Aufstachelns, heraustreten und uns konstruktiverem Verhalten zuwenden.

5

Achtsame Kommunikation

Wir wissen, wie verletzend und schmerzvoll manche Worte sein können. Buddha gab seinen Schülern deshalb die Empfehlung, auf den Gebrauch ihrer Sprache zu achten. Setzen wir Sprache auf achtsame Weise ein, lässt sich viel Schmerz vermeiden und Verständnis, Vertrauen sowie ein glückliches Miteinander aufbauen. Meine eigene Erfahrung ist, dass sich viele Probleme auflösen, wenn man selbst anfängt, klarer, achtsamer und mitfühlender zu kommunizieren, und dass auch weniger neue Schwierigkeiten entstehen.

Harte Worte zu benutzen oder den anderen durch Worte zu manipulieren, zu bedrohen oder seine wunden Punkte zu berühren, ist ein Akt der Gewalt. Dasselbe gilt für Lügen, Klatsch und Tratsch oder das Verdrehen von Tatsachen. Stattdessen sollte es unser Ziel sein, in unserer Beziehung eine liebevolle Atmosphäre der Geborgenheit, der Zuneigung und Aufrichtigkeit zu kultivieren.

Wenn wir uns um Achtsamkeit in unserer Sprache bemühen, vermeiden wir es zum Beispiel nach Möglichkeit, unserem Gegenüber in einer ungünstigen Situation die unverblümte Wahrheit an den Kopf zu knallen, und sei es auch in guter Absicht. Wir gehen ihm außerdem nicht permanent mit guten Ratschlägen auf die Nerven oder binden ihm seine Schwächen auf die Nase.

Die Auswirkung unserer Worte

Durch die Übung in Achtsamkeit gelingt es uns mit der Zeit, ein feines Gespür dafür zu entwickeln, welche Motive hinter unseren Aussagen stecken. Wir können uns rechtzeitig überlegen, ob die Sätze, die uns auf der Zunge liegen, wirklich angemessen, förderlich und Konflikt abbauend sind und ob es nicht besser wäre, zu schweigen oder andere Worte zu wählen. Meistens ist uns gar nicht bewusst, wie viel wir am Tag reden – und insbesondere, was wir alles sagen. Die Übung der achtsamen Rede verhilft uns und unserem Geist zu mehr Klarheit und

Ruhe. Darüber hinaus schaffen wir eine wechselseitig befruchtende Atmosphäre in unserer Paarbeziehung, in der wir uns näherkommen können und in der sich unsere Liebe entfalten sowie unser Vertrauen wachsen kann.

Achten Sie im Laufe des Tages zwischendurch immer mal wieder darauf, welche Worte Sie wählen – und auf den Inhalt, also was Sie sagen. Welche Absicht steckt dahinter? Möchten Sie sich mit Klatsch und Tratsch einfach nur die Zeit vertreiben oder indirekt jemandem schaden? Was bewirken Ihre Worte wohl – schaffen sie Wohlgefühl, Nähe und Glück oder säen sie Zweifel und Missgunst, schaffen sie Distanz und Ärger?

Die entstandenen Schäden sind manchmal offensichtlich, meist jedoch nur unterschwellig oder erst sehr viel später zu erkennen. Vielleicht haben Sie sich noch nie so konkret mit der Auswirkung von Sprache auseinandergesetzt. Doch Worte können so verletzen, dass die Wunden niemals heilen.

5

> > Sprechen ist eine sehr wichtige Übung,
besonders im täglichen Leben.
Die meisten Probleme im Leben sind
auf unachtsame Worte zurückzuführen. « «

[Godwin Samararatne | *buddhistischer Meditationslehrer*]

Mit der Zeit verfeinert sich auch Ihr Bewusstsein für leise Gefühlsregungen, sodass Sie sehr schnell abschätzen und wahrnehmen können, was Ihre Sprache bei Ihrem Gegenüber bewirken wird. Achtsam zu kommunizieren, bedeutet, bedacht mit Worten umzugehen und lieber mal zu schweigen, statt etwas Verletzendes zu sagen.

Weisheitsgeschichte

Ein Zenmeister war eingeladen worden, über die Kraft der Worte zu sprechen. Plötzlich rief jemand laut dazwischen: »Sie reden doch totalen Quatsch!« »Setz dich hin, du Hurensohn!«, sagte der Meister scharf. Der Mann wurde kreidebleich und verstummte eine Weile, um dann dem Meister wütende Beschimpfungen entgegenzuschleudern.

Der Meister wurde ganz sanft und entgegnete ihm: »Ich möchte mich bei Ihnen aufrichtig für meine harten Worte entschuldigen. Ich ließ mich hinreißen und bedaure es zutiefst.« Der Mann beruhigte sich sofort. »Sehen Sie«, sagte der Meister, »alles, was es brauchte, war ein einziges Wort, um Sie zu einem Wutanfall zu bringen, und ein anderes Wort, um Sie zu beruhigen.«

Abschied von der Telepathie

Vielleicht sind Sie schon recht lange mit Ihrem Partner zusammen. Gerade dann sind Sie wahrscheinlich der Meinung, dass der andere doch eigentlich wissen müsste, was Sie wollen, meinen, denken und fühlen. Ihr Partner geht höchstwahrscheinlich von ähnlichen Voraussetzungen aus, und so kommt es unweigerlich zu Missverständnissen: »Ja, aber du weißt doch, dass ich immer …« Oder: »Das solltest du aber mittlerweile wissen, dass ich …!« Und schon ist wieder der schönste Streit im Gange. Verabschieden Sie sich also von dem Anspruch der Telepathie. Meditation schärft zwar auch die Intuition und die aufmerksame Beobachtungsgabe, trotzdem ist der andere auf Ihre Mitteilung angewiesen, wenn er wissen soll, was in Ihnen vorgeht. Es scheint ein weitverbreiteter Irrtum zu sein, anzunehmen, dass Gedankenübertragung das Kennzeichen glücklicher Paare sei. In Wirklichkeit sind jene die glücklicheren, die sich möglichst oft von ihren Gedanken und Empfindungen erzählen und sich darüber austauschen.

Regeln achtsamer Kommunikation

Es ist gar nicht so schwer, in der Partnerschaft achtsam zu kommunizieren, wenn Sie einige einfache Regeln beherzigen. Diese kommen Ihnen besonders in schwierigen Situationen zugute, da sich so die Spannung viel schneller löst.

1. Schenken Sie Ihrem Partner Ihre gesamte Aufmerksamkeit und wenden Sie sich ihm mit Blickkontakt und einer offenen Körperhaltung zu. Vermeiden Sie Ablenkungen wie beispielsweise Fernsehen, Computer oder Zeitschriften.

2. Hören Sie Ihrem Partner in der Bereitschaft zu, sich auf seine Welt und seine Sichtweise der Dinge einzulassen.

3. Bleiben Sie mit Ihrer Aufmerksamkeit im Hier und Jetzt zentriert, ohne gedanklich abzuschweifen oder sich Ihre nächsten Antworten zurechtzulegen.

4. Lassen Sie Ihren Partner ausreden, ohne ihn zu unterbrechen, das Gesagte zu korrigieren oder ihm seine Bedenken oder schlechten Gefühle auszureden.

5. Signalisieren Sie stattdessen Ihre Aufmerksamkeit durch aktives Zuhören, Mimik und Bemerkungen wie »Aha, Hm …« oder durch ein Kopfnicken. Halten Sie lebendigen Augenkontakt (ohne zu starren).

6. Sprechen Sie, sobald eine stimmige Pause eintritt. Drücken Sie zuerst Ihre Wertschätzung sowie Ihr Verständnis für das Gesagte aus, indem Sie beispielsweise erwidern: »Danke, dass du mir anvertraust, was gerade bei dir passiert. Jetzt kann ich dich etwas besser verstehen, und mir wird klar, warum du so reagiert hast.« Sprechen Sie dann von Ihrer eigenen »Ich«-Position aus, beispielsweise: »Ich fühlte mich …« statt »Du zwingst mich dazu …«.

7. Vermeiden Sie, Ihrem Partner Vorwürfe zu machen, formulieren Sie stattdessen Ihre Gefühle, Bedürfnisse und Wünsche.

8. Sprechen Sie nur von Ihren eigenen direkten Erfahrungen, um die es gerade geht. Lassen Sie alte Geschichten im Keller!

Gefühle zulassen

Wir neigen häufig dazu, unsere wirklichen Gefühle und Bedürfnisse unter den Teppich zu kehren und gute Miene zum bösen Spiel zu machen. Vielleicht hat uns das Geistesgift der Trägheit (siehe vorheriges Kapitel) in der Hand, und wir bringen nie genug Energie auf, Konflikte auszutragen. Oder wir haben in unserer Herkunftsfamilie nicht gelernt, uns auf friedvolle Weise auseinanderzusetzen, und scheuen deshalb den Konflikt mit unserem Partner. Vielleicht fühlen wir uns bei jedem Streit gleich als gesamte Person infrage gestellt und abgelehnt und wollen uns entsprechend selbst schützen. Doch wenn wir uns nicht auseinandersetzen, um unsere Bedürfnisse auszudrücken, werden wir immer unzufriedener, unglücklicher oder wütender. Entweder macht sich die lange aufgestaute Unterdrückung in einem Urknall Luft, und wir stehen unvermittelt vor den Scherben unserer Beziehung, oder wir entfremden uns schleichend vom Partner, weil wir unseren Gefühlen und damit auch ihm immer fremder werden.

Echten Kontakt mit unserem Partner herzustellen, bedeutet, zunächst einmal mit uns einen authentischen Kontakt aufzunehmen. Erst wenn wir wissen, welches unsere eigentlichen Beweggründe für unser Denken, Fühlen und Handeln sind, können wir kommunizieren. Das bedeutet, dass wir uns endlich erlauben, Gefühle wie Wut, Angst, Traurigkeit, Einsamkeit, Neid, Eifersucht und Verwirrung zu empfinden. Diese Gefühle, die selbstverständlich zu unserem Menschsein gehören, werden in unserer Gesellschaft als negativ klassifiziert und tabuisiert. Mit dem Ergebnis, dass wir nicht gelernt haben, mit ihnen umzugehen und sie angemessen auszudrücken. Sind wir uns aber über unsere Gefühle im Klaren, ist es leichter, sie unserem Partner mitzuteilen.

Wünsche und Bedürfnisse kommunizieren

Unsere Gedanken, Empfindungen und Gefühle sind für unseren Partner nicht immer eindeutig wahrnehmbar. Solange wir uns nur indirekt äußern, bleibt ihm nichts anderes übrig, als unsere Aussagen zu interpretieren und unsere Gefühle zu erraten. Missverständnisse sind so vorprogrammiert. Statt klar zu sagen, was in uns vorgeht wie beispielsweise: »Das macht mich echt wütend!«, bleiben wir lieber auf einer intellektuellen Abstandsebene und flüchten uns in Äußerungen wie: »Ich denke, es war keine gute Idee von dir, das so zu machen.«

Schwierigkeiten entstehen auch durch undurchsichtige Verhaltensweisen, etwa sich dem Partner zu entziehen und nicht mehr miteinander zu sprechen. Ebenso ist demonstrativer Aktionismus mit der versteckten Botschaft: »Siehst du, jetzt räume ich hier wieder auf. Jetzt muss ich das wieder machen, immer bin ich der Einzige, der hier was tut!« ein gängiges indirektes Kommunikationsmuster.

Angriffe und Vorwürfe wie »Du bist rücksichtslos! Immer lässt du alles liegen und nie hilfst du mir!« klingen zwar so, als würden wir uns direkt ausdrücken, tatsächlich tun wir es jedoch nicht. Die Formulierung »Ich fühle mich gerade total überfordert und bin ziemlich sauer darüber, dass du unsere Abmachung, deine Sachen aufzuräumen, nicht einhältst« wäre hingegen eine klare Form der Kommunikation. So weiß unser Partner, woran er ist, wie wir uns fühlen und was der Auslöser für unseren Ärger ist. Wenn wir einfach nur hektisch herumräumen und vielleicht auch noch extra laut mit den Töpfen klappern oder demonstrativ mit dem Staubsauger zwischen den Füßen unseres Partners hin und her fahren, ist unser Zustand nicht klar, und so kann er auch nicht angemessen darauf eingehen.

Wenn wir für unsere Gefühlsregungen Worte finden und sie aussprechen, hilft das, unser gegenseitiges Verständnis zu verbessern, Missverständnissen vorzubeugen und Vertrauen aufzubauen oder wiederherzustellen. Unser Partner kann allerdings nur dann verstehen, was wir empfinden, wenn wir darüber sprechen, was in uns vorgeht und was diese Gefühle ausgelöst hat. Die Übung auf der nächsten Seite wird Ihnen helfen, sich über Ihre eigenen Gefühle klarer zu werden.

5

Klarheit schaffen und ausdrücken

→ Merken Sie auf, wenn Sie wie ein Wilder hin und her rennen oder Ihrem Partner Beschuldigungen an den Kopf werfen. Entscheiden Sie sich daraufhin, einen gedanklichen Ausruf zu tun: »Stopp!« Halten Sie inne. Verlassen Sie am besten kurz den Raum.

→ Setzen Sie sich an einen Platz, wo Sie sich sicher und geborgen fühlen. Zentrieren Sie sich über Ihren Atem, indem Sie die Atembewegungen in Ihrem Körper spüren. Richten Sie dabei Ihre Aufmerksamkeit möglichst auf Ihren Bauch. Legen Sie Ihre Hände darauf und spüren Sie bewusst das Auf und Ab Ihrer Bauchdecke. Das schafft eine gute Verbindung zu Ihrem Körper und Ihren Gefühlen und holt Sie aus übermäßiger Kopfaktivität heraus. Können Sie den Ort des Geschehens gerade nicht verlassen, versuchen Sie, die Augen zu schließen, sich so Raum zu geben und sich über Ihren Atem zu zentrieren.

→ Wenn Sie sich nun etwas gefestigter fühlen, suchen Sie nach Worten für Ihre Gefühle (etwa »Ich bin wütend!«).

→ Was hat Ihr Gefühl ausgelöst, worüber ärgern Sie sich, was macht Ihnen vielleicht Angst? Benennen Sie es konkret. Dann fragen Sie sich, was Sie brauchen. Wie lautet Ihr Bedürfnis, das hinter diesem Aktionismus liegt?

→ Werden Sie sich nun darüber klar, welches Verhalten Sie sich von Ihrem Partner gewünscht hätten. Formulieren Sie auch das ganz konkret.

→ Schreiben Sie alles, was Sie herausgefunden haben, in Ihr Notizbuch, das schafft mehr Klarheit.

→ Wenn Sie diese Klarheit haben, gehen Sie zurück zu Ihrem Partner, entschuldigen Sie sich und sagen Sie ihm ohne Anschuldigung, was der Auslöser für Ihr Verhalten war, was Sie gefühlt haben und was Sie sich jetzt von ihm wünschen.

Konflikte klären

Je näher wir uns im Alltag kommen, umso leichter entstehen Konflikte, Streit und Missverständnisse. Kaum jemand schafft es, mit solch einer Unerbittlichkeit auf unseren Schwachstellen herumzureiten, wie unser Partner. Je stärker wir miteinander verbunden sind, desto größer ist das Verletzungspotenzial. Darum ist es essenziell wichtig, eine förderliche und heilsame Art der Konfliktbewältigung zu schaffen. Wir schützen uns nicht nur vor unnötigen gegenseitigen Verletzungen, sondern wir können das Veränderungs- und Wachstumspotenzial nutzen, welches jedem Konflikt zugrunde liegt.

So werden Konflikte zur Basis, uns tiefer in unseren Bedürfnissen kennenzulernen, uns wirklich zu verstehen und uns wieder näherzukommen. Die Ursache all unseres Leidens und unserer Konflikte ist nach buddhistischer Auffassung die Fixierung auf unser Ego, das wir zu schützen versuchen und das uns daran hindert, mit der Welt, mit unseren Mitmenschen in einen wirklich liebenden Kontakt zu kommen. Ohne solche Fixierung wäre Streit nicht möglich.

All unser Kämpfen und Argumentieren ist egogeprägt, und je stärker wir versuchen, dieses Ego zu schützen, umso stärker und vehementer sind unsere Reaktion und das Leid, das daraus erwächst. Diese Ego-Fixierung führt dazu, dass wir uns einsam fühlen. Manchmal beginnen wir einen Streit oder eine Grundsatzdiskussion nur, um uns dem anderen näher zu fühlen, doch das Resultat ist noch mehr Einsamkeit, da wir zurückgewiesen oder beschimpft werden.

5

> Wichtig ist es, zu erkennen,
> dass ich selbst Einfluss habe auf die Realität,
> die ich erfahre.

[Tarab Tulku Rinpoche | *tibetischer Lama*]

Weisheitsgeschichte

Es waren zwei alte Männer, die in ihrer lebenslangen Freundschaft noch nie miteinander im Streit gelegen hatten. Eines Tages schlug der eine vor: »Lass uns mal streiten, so wie andere es auch tun.« »Ja, aber ich weiß doch gar nicht, wie das geht!«, antwortete sein Freund erstaunt. Geduldig antwortete ihm der andere: »Ach, das kriegen wir schon hin. Ich lege jetzt einfach diesen Ziegelstein zwischen uns und sage dann: ›Das ist meiner!‹, und du widersprichst mir und sagst: ›Nein, das ist meiner!‹«. Und so legten sie den Stein zwischen sich. Daraufhin sagte der eine: »Das ist meiner!« und der andere: »Nein, das ist meiner!« Doch statt ihm erneut zu widersprechen, erwiderte der erste: »Stimmt, es ist deiner. Nimm ihn bitte, er gehört dir!« Und so gingen sie wieder ihres Weges, unfähig, miteinander in Streit zu geraten.

Wir besitzen einen recht starken Verdrängungsmechanismus, wenn es darum geht, uns perfekt dastehen zu lassen. Wir verdrängen unsere Schwächen, unsere Ängste, unsere Marotten und unsere uneingestandenen Bedürfnisse, die uns Angst machen könnten und nicht zu unserem polierten Selbstbild passen. Konflikte entstehen meistens dann, wenn wir an anderen etwas kritisieren, das wir selbst bei uns zu unterdrücken versuchen. Verdrängung war allerdings noch nie das geeignete Mittel, um mit unliebsamem Verhalten umzugehen. Es brodelt in der Tiefe wie ein Vulkan, und es ist nur noch eine Frage der Zeit, bis es unkontrolliert hervorbricht. Wenn wir uns hingegen bewusst damit auseinandersetzen und zu diesen Anteilen und Bedürfnissen stehen, dann können wir lernen, sie in konstruktive und heilsame Bahnen zu lenken, und werden damit auch weniger anfällig für Konflikte. Die Übung auf der nächsten Seite hilft Ihnen dabei, mit Streit- und Konfliktsituationen umzugehen.

Konflikte klären

Legen Sie sich Ihr Notizbuch für Ihre Aufzeichnungen zurecht und kommen Sie mithilfe von ein paar Atemzügen zur Ruhe. Denken Sie dann an ein aktuelles Problem mit Ihrem Partner. Fragen Sie sich:

→ Was war der Auslöser für den Streit? (Zum Beispiel Partner lümmelt faul auf der Couch, während ich arbeite.)

→ Welcher wunde Punkt wurde bei mir berührt, welches Knöpfchen wurde gedrückt? (Immer tu ich alles für andere, keiner hilft mir …)

→ Wie habe ich auf den Auslöser reagiert? War ich aggressiv oder eher zurückhaltend beziehungsweise passiv?

→ Wofür steht dieses Knöpfchen?

• Was ist mein Bedürfnis, was verbiete ich mir? (Faul sein, Ruhe.)

• Erinnert mich etwas aus der eben erlebten Situation an ein Verhalten, das in meiner Herkunftsfamilie nicht gerne gesehen oder toleriert wurde? (Wer faul war, galt als Nichtsnutz. Faulheit wurde nicht geduldet, sondern bestraft.)

→ Welche Worte habe ich in der Konfliktsituation gewählt?

→ Wie hat mein Partner auf die Worte reagiert?

→ Welche Worte hat mein Partner gewählt?

→ Was passierte dann?

→ Was hätte ich mir gewünscht? Was war mein Ziel?

→ Welche Worte würde ich gerne von meinem Partner hören, damit ich offen und änderungsbereit bin und der Konflikt beigelegt werden kann?

→ Finden Sie Formulierungen und Worte, die diese offene Gesprächsqualität fördern und auf die Sie in ähnlichen Situationen zurückgreifen können, anstatt in alte, destruktive Kommunikationsmuster zurückzufallen.

5

Aus der eigenen Sicht die Dinge kommunizieren

Generell ist es in Konfliktsituationen hilfreich, immer nur bei einem kontroversen Thema zu bleiben und es nicht plötzlich zu wechseln oder altes Fehlverhalten aus der Mottenkiste zu ziehen.

Konzentrieren Sie sich darauf, während des Streitgesprächs möglichst in der »Ich«-Form zu sprechen, beispielsweise »Ich bin frustriert, wenn …« oder »Ich würde gerne …«. Vermeiden Sie die »Wir«-Form, denn jeder sollte für sich selbst reden dürfen. Schuldzuweisungen und Behauptungen wie »Du machst immer …«, »Du tust nie …« wirken wie ein Angriff. Unser Partner fühlt sich provoziert, beschuldigt und versucht, sich durch einen Gegenangriff oder auch durch eine Verhärtung seiner Widerstandsposition zu schützen.

Ein Streit ist emotional sehr aufwühlend. Wir sind dabei schon häufig verletzt worden, und unser Körper reagiert entsprechend gestresst und nervös. Es kann durchaus vorkommen, dass Sie von Ihren Gefühlen überwältigt werden, und das ist nur allzu verständlich. Wenn das passiert, machen Sie eine kurze Pause und konzentrieren Sie sich auf Ihre Bauchatmung, wie Sie es in der Übung auf Seite 118 geübt haben. Sobald Sie sich etwas beruhigt und wieder gesammelt haben, fällt es Ihnen viel leichter, Ihrem Partner zu sagen, was gerade in Ihnen vorgeht und was Sie sich jetzt von ihm wünschen würden.

> Nicht weil die Dinge schwierig sind,
> wagen wir sie nicht,
> sondern weil wir sie nicht wagen,
> sind sie schwierig.

[Lucius Seneca | *römischer Philosoph (4 v. Chr.–65 n. Chr.)*]

Gerade wenn wir emotional stark mitgenommen sind, fallen wir leicht in alte, anklagende Streitmuster. Machen Sie sich also zwischendurch immer wieder bewusst, dass es in diesem Gespräch darum geht, gemeinsam eine Lösung zu finden, mit der beide Parteien einverstanden sind und gut leben können. Das hilft Ihnen, in einem konstruktiven Kontext zu bleiben und das Gemüt wieder etwas zu beruhigen. Manchmal hilft es, Wünsche und Lösungsvorschläge aufzuschreiben, sie sich gegenseitig vorzulesen und sich darüber auszutauschen. Verzichten Sie auf Machtdemonstrationen und Manipulation. Denken Sie daran: Es geht darum, eine tragfähige Basis für ein harmonisches Miteinander und einen fruchtbaren Nährboden für ein vertrauensvolles Verhältnis zu schaffen, um auf diese Weise Ihre Liebe zueinander wiederzufinden.

Manchmal braucht das Ganze etwas Zeit, und es ergibt sich nicht gleich eine stimmige Lösung. Gestehen Sie sich dann gegenseitig den Raum zu, das Gespräch zu einem späteren Zeitpunkt, den Sie gleich verabreden, fortzusetzen.

5

Herausforderung Eifersucht

Fühlen Sie sich manchmal ungeliebt oder zweifeln Sie ständig an der Liebe Ihres Partners? Spionieren Sie ihm gar hinterher? Als eifersüchtige Person reicht uns der leiseste Verdacht, und eine riesige Welle von unkontrollierbaren Gedanken und Impulsen ergreift von uns Besitz. Wut, Verzweiflung, Angst überrollen uns, werden zu einem explosiven Gefühlsgemisch, das uns vollkommen ausrasten lässt. Jenseits aller Vernunft und klaren Denkens entlädt sich eine Flut von Vorwürfen, hasserfüllten Worten bis hin zu tätlichen Angriffen über den Partner. Es kommt wie ein Anfall über uns, dem wir schier machtlos gegenüberstehen. Später, wenn der Ausbruch vorbei ist, tut es uns leid, und

>> Eifersucht zeugt nicht von **Liebe,**
sondern von der Angst
vor dem Verlust der Liebe. <<

[Rolf Merkle | *deutscher Diplompsychologe*]

wir quälen uns mit Selbstvorwürfen, dass wir so heftig reagiert haben. Und dennoch können wir einfach nicht anders – wir fühlen uns der Macht unserer Eifersucht hilflos ausgeliefert. Unsere starken Gefühle reißen uns mit und machen uns das Leben und das unseres Partners zur Hölle.

Eifersucht ist eine besonders heftige Form der Verlustangst. Sie entsteht aus einer fatalen Mischung von Minderwertigkeitsgefühlen und totalem Besitzanspruch an eine Person. Wir fühlen uns meist vollkommen zu Unrecht von unserem Partner nicht beachtet, geringgeschätzt und ungeliebt, und gleichzeitig empfinden wir eine extreme Anhaftung an den Partner, gepaart mit starken Hassgefühlen und tiefer Verzweiflung.

Festhalten an vermeintlichem Besitz

Eifersucht wird üblicherweise als Liebesbeweis angesehen. Doch in Wirklichkeit ist sie nichts anderes als pure Anhaftung und Angst davor, den Partner zu verlieren.

Ein perfektes Beispiel für die personifizierte Eifersucht hat uns Tollkien in seinem »Herr der Ringe« durch die Figur des Gollum geliefert. Dieser, voller Hass gegen alle vermeintlichen Widersacher, tut alles, um seinen Schatz, den Ring, zu bewachen, ermordet dafür sogar seinen Bruder und vereinsamt völlig vor lauter Verlustangst.

Eifersucht macht sich immer dann bemerkbar, wenn unser Besitzanspruch infrage gestellt wird – und sei es auch nur fiktiv in der eigenen Vorstellung. Prompt steigt die Angst auf, dass uns das entgleitet, was wir besitzen, denn unglücklicherweise sehen wir den Partner als unseren Besitz an – und das hat mit Liebe nichts zu tun. Doch warum wittern wir ständig die Gefahr, unseren Partner an jemand anderen zu verlieren? Warum gehen wir dauernd davon aus, dass er sich selbstverständlich etwas Besseres sucht und uns, ohne mit der Wimper zu zucken, verlassen wird?

Die Macht der Minderwertigkeitsgefühle

Der Grund ist, dass wir der tiefen Überzeugung sind, nicht liebenswert oder wertvoll zu sein. Dieses Gefühl der eigenen Minderwertigkeit lässt uns in Panik verfallen, wenn wir den Eindruck gewinnen, unser Partner könnte sich für jemand anderen interessieren. Es löst als Schutzimpuls starke Ablehnung oder gar Hassgefühle aus, die uns schier ausrasten lassen. Diese explosionsartigen Ausbrüche und Eifersuchtsattacken quälen nicht nur uns selbst, sondern ziehen auch alle anderen Menschen im näheren Umfeld stark in Mitleidenschaft. Somit liegt, wie der bekannte tibetische Meditationsmeister Sogyal Rinpoche meinte, sogar eine Tragikomik in unserem krankhaften Festhalten: Es ist nicht nur vergeblich, sondern es beschert uns genau den Schmerz, den wir um jeden Preis vermeiden wollen.

Hat uns die Eifersucht im Griff, verzerrt sich die Wirklichkeit, und alles erscheint als Bedrohung. Selbst ständig eingeforderte Liebesbeweise und Beschwichtigungen des Partners, dass wir sein Ein und Alles sind und dass er uns wirklich liebt, lassen die Eifersucht nicht verschwinden. In Tagträumen werden vermeintliche Rivalen hart bekämpft oder der Hass auch in der Realität an möglichen Nebenbuhlern ausagiert – die Palette reicht vom verkratzten Auto bis hin zu nächtlichem Telefonterror. Mit Vernunft ist dem in einer akuten Phase nicht

5

beizukommen, denn hat die Panik bereits von uns Besitz ergriffen, blockiert sie jegliches klare Denken. Doch was können wir tun, um mit diesem quälenden Gefühlscocktail umgehen zu lernen?

Selbstliebe kultivieren

Ist die innere Haltung uns selbst gegenüber nicht von Liebe und Wertschätzung geprägt, werden wir immer wieder in die Falle der Eifersucht tappen und ihr hilflos ausgeliefert sein. Buddha lehrte uns, dass der Weg des Glücks auf Freiheit basiert – Freiheit im Sinne einer inneren Unabhängigkeit gegenüber äußeren Bedingungen. Solange wir immer jemanden um uns brauchen, der uns sagt, wie toll und liebenswert wir sind, sind wir abhängig und nie wirklich glücklich. Werden wir gelobt und offen bewundert, sind wir zwar für kurze Zeit zufrieden, doch unser Minderwertigkeitsgefühl lauert weiter unter der Oberfläche und wartet nur darauf, dass wir wieder einen Dämpfer bekommen. Werden wir getadelt, beschimpft oder gar verlassen, bricht alles Unglück und alle Verzweiflung über uns herein, denn nun haben wir ja die Bestätigung, nicht liebenswert zu sein, und fallen vielleicht sogar in Depressionen.

Unser Glück und unser Leid liegen somit in der Hand unseres Umfelds, von dem wir komplett abhängig sind. Finden wir die Quelle des Glücks und der Liebe jedoch in uns selbst, indem wir eine ausgeglichene, wertschätzende und liebevolle Beziehung zu uns selbst aufbauen, sind wir wahrhaft frei.

Selbstliebe ist in der westlichen Welt sehr negativ besetzt und wird meist mit Egoismus und Selbstverliebtheit gleichgesetzt. Doch wir brauchen eine gesunde Beziehung zu uns selbst, damit eine tragfähige Beziehung zum Partner möglich wird und wir ihn nicht nur unter dem Deckmäntelchen der Liebe vor unseren Karren der Eigenbestätigung spannen. Also besteht der erste Schritt im Umgang mit der Eifersucht darin, eine liebevolle Beziehung zu uns selbst zu entwickeln.

Die eigene Buddhanatur entdecken

Jeder von uns besitzt seit dem Anfang aller Zeiten eine ureigene Gutheit, unsere Buddhanatur (siehe auch Seite 47). Diese blitzt immer dann hervor, wenn unsere permanenten Selbstgespräche für einen Moment verstummen. Das passiert in Augenblicken der Selbstvergessenheit, in denen wir unser Ego für einen Moment vernachlässigen. Vielleicht gehen wir spazieren und sehen einen wunderbaren abendlichen Sommerhimmel, der mit farbigen Wolkenfäden überzogen ist. Oder wir betrachten unser schlafendes Kind, wie wonnig und still es daliegt, das kleine große Wunder des Lebens.

In diesem Moment öffnet sich etwas in uns. Wir erleben einen intensiven Kontakt, ein Einssein mit dem, was uns umgibt, und spüren eine tiefe, einfache Zuneigung und Herzensverbundenheit. Die Trennung des Ich und Du, des Außen und Innen hebt sich für einen Moment auf, und unsere Herzensqualitäten von Liebe, Verbundenheit und Wärme werden spontan fühlbar.

Unsere Buddhanatur kommt auch zum Vorschein, wenn wir vom Schmerz eines anderen berührt werden und aus Mitgefühl heraus dieser Person wünschen, dass sie frei von ihrem Leiden sein möge. Diese innere Qualität der Herzensberührbarkeit und die Fähigkeit zu liebender Güte hat jeder. Es ist die ureigenste Qualität unseres Geistes, die von Natur aus immer da ist, unabhängig von äußeren Gegebenheiten. Eine liebevolle Beziehung zu sich selbst aufzubauen, bedeutet also, in Kontakt mit dieser Offenheit des Herzens, mit unserer ureigenen guten Buddhanatur zu kommen und sich mit allen Schwächen und Stärken liebevoll anzunehmen.

Eine wundervolle und effektive Übung für dieses liebevolle Annehmen bietet uns die tibetisch-buddhistische Tonglen-Meditation. »Tong« bedeutet übersetzt »geben« und »Len« »annehmen«. Mit der Übung auf der folgenden Seite möchte ich Ihnen ein praktisches Werkzeug im Umgang mit der Eifersucht an die Hand geben.

5

Tonglen-Meditation für sich selbst

→ Nehmen Sie eine aufrechte, würdevolle, aber auch bequeme Meditations-haltung ein. Lassen Sie Ihren Atem ganz gelöst ein- und ausfließen, wie er gerade kommen und gehen mag. Verweilen Sie so und geben Sie sich Zeit, völlig zur Ruhe zu kommen.

→ Richten Sie nun Ihre Aufmerksamkeit auf Ihre Herzgegend. Spüren Sie den Raum um Ihr Herz herum und lassen Sie ihn weit und offen werden – wie ein strahlend blauer Himmel an einem angenehm warmen Sommertag. Stellen Sie sich nun vor, dass dieser unbegrenzte, offene Herzraum von warmem Sonnenlicht durchflutet wird, das immer heller und klarer zu strahlen beginnt. Lassen Sie Ihren Atem weiterhin ruhig ein- und ausfließen.

→ Denken Sie nun an etwas, an ein Gefühl oder einen Persönlichkeitszug von Ihnen, womit Sie unzufrieden sind oder was Ihnen Schwierigkeiten bereitet.

• Was gibt es, das Sie an sich nicht mögen?

• Welche Sorgen haben Sie?

• Welche Gefühle bereiten Ihnen Probleme?

→ Stellen Sie sich nun vor, dass diese Gefühle, Schwierigkeiten oder Persönlich-keitszüge mit dem Einatmen in die weite Lichtsphäre Ihres Herzens strömen und dort vollkommen aufgenommen werden. Ausatmend entspannen Sie sich in die offene Weite des grenzenlosen Himmels.

→ Halten Sie die Konzentration so mehrere Atemzüge lang auf diese ungeliebten Gefühle oder Persönlichkeitszüge und Ihr offenes, weites Herz. Dieses hat unendlich viel Platz für alle Ihre Ecken und Kanten, Gefühle und Schwierigkeiten. Es ist völlig bewertungsfrei, liebevoll und voller Mitgefühl und Wärme. Was auch immer Sie beschäftigt, alles wird in dieser Lichtsphäre angenommen und löst sich darin rückstandslos auf wie Wasserdampf im klaren, blauen Himmel.

→ Erlauben Sie sich nun, auch sich selbst gegenüber Ihr Herz zu öffnen. Vielleicht tauchen Widerstände auf in Form von Gedanken wie »Ich bin es nicht wert« oder »Das habe ich nicht verdient«. Atmen Sie diese Zweifel ebenfalls in Ihr Herz ein und erlauben Sie sich, sich für alle Gefühle, Charakterzüge, äußeren oder inneren Probleme und Empfindungen zu öffnen.

→ Gestatten Sie sich, sich selbst in all Ihrer Unfähigkeit und Unvollkommenheit, mit all Ihren Blockaden und Emotionen vollkommen anzunehmen. Was immer Sie entdecken, atmen Sie es in die Weite Ihres Lichtraumes in Ihrem Herzen ein und entspannen Sie sich mit dem Ausatmen in die offene Weite liebevollen Getragenseins.

→ Nachdem Sie nun alles in die Lichtsphäre in Ihrem Herzen aufgenommen haben und sich dort alles in der Weite aufgelöst hat, lassen Sie jetzt mit dem Ausatmen Licht aus Ihrem Herzen strömen und Sie vollkommen einhüllen. Stellen Sie sich vor, wie dieses Licht all das beinhaltet, was Sie sich zutiefst wünschen und was Sie jetzt brauchen.

→ Mit jedem Ausatmen lassen Sie sich immer mehr von dem zufließen, was Sie brauchen, um glücklich und zufrieden zu sein. Vielleicht ist es Frieden, Liebe, Geborgenheit, Akzeptanz oder auch gar nichts Bestimmtes. Spüren Sie, wie Sie sich selbst Atemzug für Atemzug nähren und Kraft spenden.

→ Beenden Sie die Meditation, wenn Sie das Gefühl haben, dass der Prozess für diesen Moment abgeschlossen ist. Bleiben Sie dann noch für ein paar Minuten einfach in Stille sitzen, ohne auf etwas Bestimmtes zu achten. Erlauben Sie sich einfach, mit sich selbst zu sitzen.

→ Wenn es Ihnen stimmig erscheint, beschließen Sie die Meditation mit den Sätzen aus der Übung von Seite 101, indem Sie sich Glück, Freude und Wohlbefinden wünschen, ebenso allen Bekannten und Unbekannten auf der ganzen Welt.

5

Öffnen und Loslassen

Die grundlegende Ursache all unserer unglücklichen Gefühle wie Wut, Aggression oder Eifersucht ist Ablehnung. Wir lehnen die Vergänglichkeit ab und klammern uns gleichzeitig an Sicherheiten. Wir wollen nicht, dass sich etwas verändert. Wer will auch schon, dass der Partner geht (außer man denkt gerade selbst darüber nach, die Beziehung endlich zu beenden). Doch wir können die Zeit nicht einfrieren. Sich gegen Veränderung zu stellen ist unglaublich schmerzvoll.

> Einer der **Hauptgründe,**
> warum wir so viel **Angst** haben, liegt darin,
> dass wir die **Wahrheit**
> der **Vergänglichkeit** ignorieren.
> Und wenn sich **Veränderung** einstellt,
> **versuchen** wir,
> uns so gut wie möglich zu **betäuben.**

[Sogyal Rinpoche | *tibetischer Meditationsmeister*]

Wir können nichts konservieren. Wie stark wir es auch umklammern, es wird uns aus der Hand gerissen, ohne dass es im Bereich unserer Möglichkeiten läge, es zu halten. Keine Macht der Welt kann sich dem stetigen Strom der Veränderung unseres Lebens entgegenstemmen. Liebe ist ein permanenter Prozess. Die Qualität unseres Zusammenseins verändert sich ebenso wie unsere Gefühle zueinander, die Motivation unseres Zusammenseins und die Situationen, in denen wir uns familiär, gesundheitlich oder jobbedingt befinden.

Mit Verlustangst umgehen lernen

Nachdem wir uns auf den vorherigen Seiten um unsere Selbstliebe gekümmert haben, wenden wir uns nun der Verlustangst zu, indem wir uns dem bewussten Loslassen widmen. Ja, wir begeben uns in die Höhle des Löwen, vor der wir so viel Angst haben. Im tibetischen Buddhismus werden schwierige Gefühle als Geistesgifte bezeichnet, die uns, wenn wir uns mit ihnen nicht befassen, vergiften und zerstören können. Und dafür ist die Eifersucht geradezu ein Paradebeispiel. Doch diese Gefühle haben nur Macht über uns, wenn wir sie nicht sehen wollen und vor ihnen weglaufen. Oder wenn wir uns ihrer Zerstörungskraft hingeben, indem wir sie beispielsweise durch einen Wutanfall ausagieren oder vor Angst keine klare Entscheidung mehr fällen können. Widmen wir uns ihnen allerdings mit neutraler Aufmerksamkeit, helfen sie uns dabei, dass wir innere Stärke, Weisheit und Unabhängigkeit entwickeln.

Da die grundlegende Ursache von Eifersucht pure Anhaftung ist, ist Loslassen ihr Gegenmittel. Im Buddhismus wenden wir uns genau dem zu, was wir normalerweise lieber nicht sehen wollen, und darin liegt der Schlüssel zum Glück. Das Festhalten haben Sie bereits ausprobiert und wahrscheinlich die schmerzliche Erfahrung gemacht, dass sich Ihr Partner durch Ihr Hinterherspionieren und Ausfragen sehr eingeengt fühlt und vielleicht schon die Flucht ergriffen hat. Also haben Sie trotz Ihres Festhaltens alles verloren. Warum sollten Sie sich nun nicht auf das Experiment Loslassen einlassen?

Loslassen bedeutet jedoch nicht, einfach etwas wegzuschmeißen oder fallenzulassen. Loslassen bedeutet Raum geben (siehe auch Seite 65/66). Stellen Sie sich vor, Sie haben ein Geldstück in Ihrer Hand. Wenn Sie Ihre Hand so gedreht haben, dass Ihr Handteller nach oben zeigt, und Sie die Hand nun öffnen, entsteht Raum um die Münze herum, aber sie bleibt Ihnen dennoch erhalten. Genau das ist gemeint, wenn es darum geht, das Loslassen in der Beziehung zu üben.

5

>> Wir haben Angst, **wirklich** zu leben,
weil **leben** zu lernen bedeutet,
loslassen zu **lernen.** <<

[Sogyal Rinpoche | *tibetischer Meditationsmeister*]

Eine Freundin von mir litt schon lange unter ihrer Eifersucht. Nicht nur, dass sie ihren Geliebten unter Druck setzte und ihm permanent hinterherspionierte, sie fühlte sich auch selbst durch ihren Kontrollzwang eingesperrt und unglücklich. In unseren langen Gesprächen erkannte sie, dass die Eifersucht nicht einfach vom Himmel fällt, sondern ein Aufschaukelungsprozess ist. Es begann jedes Mal mit einem kleinen Gedankenimpuls wie beispielsweise »Wer ist Sabine?«, wenn ihr Partner etwas von der Arbeit erzählte. Daraufhin fing sie an, fiktive Szenarien ihres mit Sabine fremdgehenden Partners zu spinnen, die natürlich eine enorme Verlustangst auslösten. Das Ganze erreichte seinen Höhepunkt, wenn die Angst sich zu Panik steigerte und über unangemessene Aktionen wie wilde Beschuldigungen ausagiert wurde.

Rechtzeitig innehalten

Meine Freundin erkannte, dass es einen Zeitpunkt gab, an dem sie intervenieren und somit einen Eifersuchtsanfall verhindern konnte. Dieser tauchte schon recht früh auf – es war der Moment, in dem sie bemerkte, dass sie auf den ersten gedanklichen Impuls einstieg und sich eine Fantasiegeschichte ausdachte.

Wenn sie an diesem Punkt rechtzeitig »Stopp« sagte und sich sofort mit etwas anderem beschäftigte, fiel das erdachte Konstrukt in sich zusammen, ohne dass die Eifersucht als Gefühl auftauchte. Nachdem sie die Zusammenhänge erkannt hatte, achtete sie in alltäglichen

Situationen auf ihre Gedankenregungen. Sie lernte, immer schneller gefährliche Fantasiegebilde zu erkennen und sich immer früher von ihnen zu lösen. Ihre Eifersuchtsanfälle reduzierten sich zunehmend und auch die Intensität der Eifersucht nahm ab, was sich wiederum sehr positiv auf die Beziehung auswirkte. Sie und ihr Partner sind heute immer noch ein Paar.

Um die Gedankenprozesse zu identifizieren und den frühestmöglichen Interventionszeitpunkt zu finden, ist unsere Meditationspraxis auf den Atem und die Gedanken hilfreich. Auf der nächsten Seite möchte ich Ihnen eine Übung vorstellen, mit der Sie ganz gezielt Ihre aufkommenden Gedanken erkennen und sich von ihnen lösen können. Der Schlüssel zum Erfolg heißt wie üblich: Regelmäßig praktizieren!

Immer mehr Offenheit erleben

Mag sein, dass der Partner tatsächlich gerade fremdgeht oder sich zumindest für die aushäusige Speisekarte interessiert. Häufig jedoch ist die Sorge unbegründet und entspringt nur der überbordenden Fantasie unseres Geistes. Doch egal ob begründet oder nicht, wichtig ist, dass wir uns selbst das Leben nicht noch mehr zur Hölle machen.

Je mehr wir festhalten, umso weniger lieben wir. Je mehr wir loslassen können und fähig sind, dem anderen Glück zu wünschen, umso ehrlicher lieben wir. Festhalten tut weh, von Herzen Offenheit schenken, ohne auf den eigenen Vorteil bedacht zu sein, löst den Schmerz, den Krampf unseres Herzens um uns selbst auf, und wir erlangen wirkliche Freiheit und Glück.

Wir können unseren Partner nicht besitzen, er gehört uns nicht. Er begleitet uns eine Zeitlang, vielleicht bis zum Tod, vielleicht aber auch nur eine gewisse Spanne unseres Lebens. Es liegt an uns, mit welcher Herzenseinstellung wir unsere gemeinsamen Jahre verbringen – im Gefängnis der Ichbezogenheit oder gemeinsam in liebevoller Freiheit, was auch immer passiert.

5

Achtsamkeitsmeditation:
Gedanken ziehen lassen

→ Nehmen Sie sich 10 bis 15 Minuten Zeit und machen Sie es sich auf Ihrem Meditationsplatz bequem. Erlauben Sie sich, zur Ruhe zu kommen, und lassen Sie Ihre Aufmerksamkeit für ungefähr fünf Minuten ganz sanft auf Ihrem Atem ruhen.

→ Richten Sie nun Ihre Aufmerksamkeit etwas von Ihrem Atem weg auf die Aktivität Ihrer Gedanken. Bleiben Sie jedoch trotzdem mit einem Teil Ihrer Aufmerksamkeit weiterhin mit dem Atem verbunden.

→ Bemerken Sie, wie Gedanken durch Ihren Geist ziehen. Achten Sie nur auf die Aktivität, nicht jedoch auf deren Inhalt. Vergleichen wir es mit einer stark befahrenen Kreuzung, die Sie von einem Fenster aus betrachten. Doch statt einzelnen Autos Ihre Aufmerksamkeit zu schenken und sich Gedanken über das Modell, die Farbe, die Lebensgeschichte des Fahrers zu machen, neidisch auf den tollen Schlitten zu werden und in Fantasien zu versinken, wie großartig es doch wäre, wenn Sie dieses Auto besäßen, betrachten Sie die gesamte Kreuzung als Ganzes. Sie lassen die Autos kurz in Ihrer Aufmerksamkeit aufblitzen und sofort wieder weiterziehen, ohne ihnen länger nachzuhängen, weder gedanklich noch mit Ihren Augen und Ohren.

→ Machen Sie es genauso mit all Ihren aufkommenden Gedanken. Dabei ist es vollkommen gleichgültig, ob Sie diese als angenehm oder unangenehm, interessant oder uninteressant empfinden.

→ Beobachten Sie die Flüchtigkeit Ihrer Gedanken. Sie tauchen einfach so aus dem Nichts auf und verschwinden wieder ohne eigene feste Substanz, traumgleich, reine Fantasiegebilde, reine Illusion ohne jegliche Wirklichkeit.

→ Wenn Sie bemerken, dass Sie sich im Inhalt Ihrer Gedanken verfangen haben und bereits wieder eifrig am Fantasieren sind (planen gehört auch dazu), fällen Sie unmittelbar in diesem Moment die Entscheidung, sich von diesen Gedanken zu lösen. Distanzieren Sie sich innerlich davon und lassen Sie sie ziehen.

→ Nutzen Sie dazu die Rückbesinnung auf die Empfindung Ihres Atems und spüren Sie bewusst, wie er sich anfühlt. Verweilen Sie mit Ihrer Aufmerksamkeit solange dabei, bis Sie sich wieder stabilisiert und von Ihrem Fantasiekonstrukt gelöst haben.

→ Nutzen Sie den Atem als Anker und bringen Sie sich immer sofort wieder zurück, sobald Sie bemerken, dass Sie mit Ihrer Aufmerksamkeit abgedriftet sind und sich in den Gedanken verloren haben.

→ Lösen Sie sich bewusst und entschieden von den Gedanken und lassen Sie sie wieder ziehen.

→ Beenden Sie die Übung, indem Sie sich erlauben, noch für ein paar Minuten einfach so in Stille mit sich sitzen zu bleiben.

→ Beschließen Sie dann die Übung mit Ihren Wünschen für Glück, Freude und Wohlergehen für sich selbst, Ihren Partner, Ihre Familie, Freunde und allen anderen Menschen auf der Welt.

→ Üben Sie diese Meditation täglich auf Ihrem Meditationsplatz und bewahren Sie sich die Achtsamkeit und die innere Haltung dieser Übung auch in Ihrem Alltag. Das wird auf Dauer eine neue geistige Gewohnheit schaffen, die Sie ganz automatisch immer leichter Abstand von irgendwelchen Gedanken gewinnen lässt und die Neigung zu Aufschaukelungsprozessen auch in anderen quälenden Situationen spürbar reduziert.

5

Herausforderung Machtspiele und Konkurrenzkämpfe

Wettbewerb, Macht- und Konkurrenzkämpfe sind nicht nur im Job, sondern auch in einer Liebesbeziehung gang und gäbe. Zwar teilen wir uns mehr oder weniger die Hausarbeit, doch statt es in offener Großzügigkeit zu tun und dankbar zu sein, dass der andere seinen Anteil in der bestmöglichen Weise erledigt, fällt unser Blick auf das, was nicht perfekt läuft. Und schon werden dem Partner die vergessenen Socken, die herumstehende Tasse oder die Zahnpastaflecken im Waschbecken unter die Nase gerieben. Wir liefern uns Wortgefechte, in denen es weniger um Fakten geht, sondern vielmehr darum, wer von uns beiden recht hat. Gemeinsame Kinder müssen herhalten, damit sich die Eltern gegenseitig beweisen können, wer besser mit ihnen umzugehen versteht, beliebter, lustiger oder kreativer ist. Ich werde nie vergessen, wie sich eine Bekannte benahm, als ihr Mann versuchte, seinem Sohn die Windeln zu wechseln, und sich dabei nicht ganz so geschickt anstellte. Prompt zog sie scharf die Luft ein, riss ihm die Puderdose mit den Worten »Doch nicht so!« aus der Hand, schob ihn unwirsch zur Seite und demonstrierte ihm, wie man es »richtig« macht. Dass der Vater daraufhin nicht mehr sehr motiviert war, seinen Sohn zu wickeln, konnte ich gut verstehen.

Beziehungskiller Stolz und Überheblichkeit

Solches Verhalten basiert auf dem inneren Geistesgift des Stolzes, der sich in Machtverhalten und Überheblichkeit zeigt. Mit Stolz ist das egozentrische übersteigerte Selbstwertgefühl gemeint, das uns verleitet, uns für klüger und besser als die anderen zu halten. Wenn uns etwas besonders gut gelungen ist, empfinden wir dennoch keine echte Freude. Wer stolz ist, lässt sich feiern – wer Freude über etwas empfindet, feiert mit anderen zusammen. Stolz lässt uns einsam werden, da wir uns durch unsere Besserwisserei von anderen distanzieren und nur ihre Fehler sehen anstatt ihre Qualitäten. Stolz ist das Verhaftetsein an der eigenen vermeintlichen Großartigkeit. Schauen wir allerdings genauer hin, versteckt sich hinter dem Stolz ein tief empfundenes Minderwertigkeitsgefühl.

Warum sonst müssen wir anderen ständig zeigen und beweisen, wie großartig wir sind, und werden wütend, wenn wir nicht bestätigt werden? Warum sonst sind wir so bestrebt, beim anderen eher die Fehler zu sehen und gleichzeitig unsere Stärken hervorzuheben? Dieses aggressive Machtverhalten ist ein Anzeichen von Festhalten: Wir halten an uns, unserem Selbstbild, unserem Ego-Konzept fest. Und damit wir uns besser fühlen, erniedrigen wir andere und kommen uns dadurch stärker, großartiger und anerkannter vor.

Dieser Wettstreit um Macht erzeugt schließlich ein Gefälle in der Beziehung, sodass es einen Gewinner und einen Verlierer gibt. Gefangen in diesem zermürbenden Spiel, das uns gar nicht als solches auffällt, weil wir es für normal halten, entsteht nicht nur in der Beziehung, sondern auch in unserem gesamten sozialen Umfeld viel Leid. Wir fühlen uns einsam und abgeschnitten, anfänglich liebevolle Gefühle schlagen um in Angst und Ärger. Freunde fühlen sich zunehmend unwohl in unserer Gegenwart und beginnen, uns zu meiden. Unsere Begegnungen mit anderen wirken gekünstelt, steif und distanziert, weil wir permanent damit beschäftigt sind, abzuchecken, ob der andere nicht doch ein bisschen mehr im Recht ist, klügere Dinge von sich gibt, attraktiver aussieht, liebesfähiger ist …

Hilfsmittel Achtsamkeit

Um unseren Stolz zu erkennen, brauchen wir eine wache Aufmerksamkeit und die Bereitschaft, uns mit diesem Persönlichkeitsanteil auseinanderzusetzen. Sie haben bereits im Verlauf dieses Buches Ihre achtsame Selbstbeobachtung geschärft, sodass es Ihnen leichtfallen wird, Ihrem Stolz auf die Schliche zu kommen. Beobachten Sie sich eine Woche lang und ertappen Sie sich selbst dabei, wie Sie mit Ihrem Partner in Wettstreit treten, ihn belehren oder erziehen wollen. Welche Schlüsselsätze und Gedanken sind damit verbunden? Beobachten Sie sich mit einer interessierten inneren Haltung, ohne jedoch irgendetwas zu verändern. Warum? Achtsamkeit ist neben dem Erkennen der Dinge eine Übung in Zurückhaltung. Damit ist gemeint, nicht auf alles, was wir wahrnehmen, auf irgendeine Art und Weise zu reagieren. Wenn Sie also stolze Gedanken oder Worte des Machtkampfs bemerken, geht es weder darum, sie wegzudrängen, noch, sie weiter ausufern zu lassen. Was zählt, ist, Klarheit über die Abläufe unserer Gedanken, Gefühle, Tendenzen und Handlungen zu gewinnen und ihnen dann nicht mehr weiter zu folgen. Durch diese Bestandsaufnahme sensibilisieren Sie sich für Schlüsselsätze, sodass Sie frühzeitiger wahrnehmen können, in welcher Schiene Sie gerade laufen. Dann haben Sie die Möglichkeit, sich neu auszurichten und Gegenmittel anzuwenden.

Erinnerung an die Buddhanatur

Ein Gegenmittel für Stolz besteht darin, sich daran zu erinnern, dass wir alle die Buddhanatur in uns haben. Uns allen ist gemeinsam, dass wir Freud und Leid erfahren, voller Emotionen sind und doch einfach nur glücklich sein wollen. Niemand ist besser oder schlechter, es ist nur unser eigener Geist, der sich gerade mal wieder Fantasien hingibt, die uns unsere eigene Großartigkeit vorgaukeln und unsere Wahrnehmung der Wirklichkeit vollkommen verzerren.

Übung in Mitgefühl

Stolz ist immer ein Zeichen für »Ich-bin-wichtig!«. Wenn wir Mitgefühl entwickeln, können wir von unserem Ichpodest herabsteigen und uns auf die gleiche Höhe mit dem anderen begeben. Zusätzlich zu unserer Buddhanatur verbindet uns, dass wir alle die gleichen Gefühle, Schmerzen und Schwierigkeiten teilen. Mitgefühl zu entwickeln, bedeutet, sich von diesen Schmerzen, die wir alle empfinden, berühren zu lassen. Schauen Sie Ihrem Partner ins Gesicht. Können Sie erkennen, was ihn bewegt? Tauschen Sie innerlich die Plätze – wie fühlt es sich an, kritisiert und herabgesetzt zu werden? Spüren Sie den Schmerz der Einsamkeit, der Demütigung und des Getrenntseins?

Großes **Mitgefühl** ist wie ein
wunscherfüllender **Edelstein.**
Es **erfüllt** die eigenen Hoffnungen
und die der **anderen.**

[Shakbar | *tibetischer Meditationsmeister*]

Ich kann mich noch lebhaft daran erinnern, wie verzweifelt ich mich nach einer langen Periode zermürbenden Wettstreits mit meinem Partner fühlte. Es ging die ganze Zeit nur noch darum, wer von uns beiden besser oder schlechter wäre. Ich fühlte mich so abgetrennt von ihm und meinem ganzen sozialen Umfeld, aber auch so wenig wahrgenommen, so alleine, obwohl ich dauernd versuchte, durch das Aufspielen all meiner Talente und meiner Intelligenz anerkannt und geliebt zu werden. Irgendwie war mir die Liebe für meinen Partner auf diesem Weg schleichend abhandengekommen, ohne dass es mir bewusst gewesen wäre. Bis er mir gestand, dass er sich vollkommen leer fühlte und kein Gefühl mehr für mich finden könnte. Erst spürte ich nur eine leise Traurigkeit, doch als plötzlich Tränen über seine Wangen rannen, brach mein Kokon auf, und ich weinte wegen seines Schmerzes, den ich deutlich fühlte. So saßen wir weinend voreinan-

5

der. Später sprachen wir darüber, was geschehen war, und erfuhren, dass es uns beiden gleich ergangen war: Wir hatten beide geweint, weil wir den Schmerz des anderen gespürt hatten. Durch das Mitgefühl füreinander waren wir wieder auf einer Ebene angekommen. Und wir erkannten, dass unsere Liebe immer da gewesen war – wir hatten sie nur durch unseren »Ich-bin-wichtig«-Stolz verdeckt.

Das Lojong-Geistestraining

Wenn uns der Stolz gepackt hat, wollen wir möglichst immer siegreich sein und bekommen davon nicht genug. Das Lojong-Geistestraining dreht dieses Bestreben mit dem Merksatz »Sieg den anderen, Verlust zu mir« vollkommen um. Was paradox klingen mag, weil es unserem normalen Bestreben widerspricht, ist in der Anwendung sehr effektiv. Stolz nährt sich vom Siegen und dem Bestreben nach noch mehr Gewinn. Es ist eine Tendenz, die wir bestens trainiert haben und die uns doch nur Unglück beschert. Beginnen wir aber, anderen Glück zu wünschen und dass sie erfolgreich sein mögen, bewegen wir uns von unserer Egozentriertheit weg, hin zum Wohl anderer. Wir beginnen, uns mehr für unseren Partner zu interessieren, und wollen, dass es ihm gut geht. Damit entwickeln wir eine neue Gewohnheit: Offenheit und Großzügigkeit bestimmen von nun an unser Leben. Das alte Anspruchsdenken des »Alles-für-mich-haben-Wollens«, der Kleinlichkeit und des Stolzes – all das, was uns von unserem Partner getrennt hat – bildet sich dagegen zurück.

Durch diese neue Gewöhnung im Denken und Handeln werden wir weich, offen, mitfühlend, berührbar und bilden die Fähigkeit aus, wirklich zu lieben und auch selbst geliebt zu werden. Praktisch bedeutet das: Schreiben Sie sich den Lojong-Satz »Sieg den anderen, Verlust zu mir« auf einen Zettel. Dann hängen Sie ihn an einen Platz, den Sie gut im Blick haben oder an dem Sie oft vorbeigehen, sodass Sie ständig an Ihre neue geistige Haltung erinnert werden. Merken Sie auf, wenn Sie dabei sind, wieder in Wettstreitsituationen zu geraten, und erinnern Sie sich an den Satz. Verschenken Sie den Sieg! Gönnen Sie Ihrem Partner den Triumph, dass er etwas besser weiß, ein großartiger Argumentierer ist, ein toller Küchenaufräumer oder Fahrradreparierer, loben Sie, bewundern Sie ihn, freuen Sie sich mit ihm und gönnen Sie es ihm von Herzen!

Erfahrungsgemäß fühlt sich unsere Freude und Großzügigkeit am Anfang etwas gekünstelt oder sperrig an. Das macht gar nichts. Es ist wie tanzen lernen. Die ersten Schritte sind pure Technik, steif und irgendwie künstlich. Mit der Zeit beginnen Sie die Schritte zu verinnerlichen, bis Sie irgendwann nicht mehr darüber nachdenken und sich ganz natürlich zur Musik bewegen. Also, wagen Sie den ersten Schritt, der Rest wird folgen.

Gib niemals auf, egal was passiert.
Gib niemals auf, entwickle dein Herz.
Zu viele Dinge in deinem Land
entwickeln den Verstand
anstelle des Herzens.
Habe Mitgefühl,
nicht nur mit deinen Freunden,
sondern mit jedem Wesen.
Habe Mitgefühl und arbeite für den Frieden.
Und ich sage noch mal, gib niemals auf.
Egal was passiert, gib nicht auf.

[Tenzin Gyatso | *14. Dalai Lama*]

Liebe
und Mitgefühl
kultivieren

6

→ Ablehnung ist das fünfte Hindernis, mit dem
wir in unseren Beziehungen und auch im
alltäglichen Leben zu kämpfen haben. Nicht
immer läuft alles nach unseren Vorstellungen
und deshalb ist der Widerwille ständig
präsent. Wir nörgeln oder protestieren und
schaffen so das schmerzliche Gefühl von
Distanz und Abgetrenntsein. Üben wir uns
jedoch darin, unser Herz zu öffnen, können
wir Frieden mit unserem Umfeld schließen.

Ablehnung: permanenter Protest im Geiste

Sehr wahrscheinlich kennen Sie genügend Situationen, in denen sich Ihr Partner regelrecht auf den Kopf gestellt hat, um Sie zufriedenzustellen. Doch was er auch tat, es war nie genug, es reichte nicht, um Sie glücklich zu machen, auch wenn es objektiv betrachtet wirklich wunderbar war, was er sich alles hat einfallen lassen.

Es gibt einfach Momente in unserem Leben, in denen nichts schmeckt, nichts passt, alles falsch erscheint und anders sein sollte, als es gerade ist. Woher kommt das?

Im Griff des Ego

Schuld daran ist unsere eigene geistige Verschlossenheit, in der wir nur um uns selbst und unsere abgegrenzte, ichbezogene Welt kreisen. Wir laufen wie mit Scheuklappen herum und sind von der Schönheit und Fülle des Lebens abgeschnitten. Das passiert nicht einfach mit uns, sondern wir tun uns das selbst an. Wir nörgeln, wir sind unzufrieden, wir bewerten und kommentieren die Dinge und schaffen uns auf diese Weise eine freudlose Wirklichkeit. Das Gute daran ist, dass wir auf alles, was wir selber kreieren, auch Einfluss haben. Wir können selten unser Umfeld und die äußeren Gegebenheiten verändern, jedoch mit dem destruktiven Denken und Handeln aufhören und uns auf Konstruktivität ausrichten.

Glück und Leid fallen nicht vom Himmel, es ist das, was wir aus den Dingen machen – oder wie es Gautama Budda ausdrückte: »Unser eigener Geist kreiert die Wirklichkeit.« Äußere Umstände können zwar ein Impuls für unser Empfinden von Glück und Unglück sein, doch wenn wir in uns gefangen sind, kann der Himmel noch so blau sein – wir werden uns nicht daran erfreuen können, weil wir ihn gar nicht sehen. Genauso ist es auch in Beziehungen.

Die eigene Wahrnehmung hinterfragen

Damit wir Glück in einer Partnerschaft erleben können, ist kontinuierliche Arbeit an unserer Wahrnehmung angesagt. Es geht dabei nicht darum, uns eine Situation schönzureden und Probleme zu verdrängen, sondern unsere Antihaltung etwas aufzuweichen. Wenn wir noch mal genauer hinschauen, lassen sich mit Sicherheit bisher unbeachtete oder auch verdrängte Qualitäten in unserer Beziehung entdecken, die wir nur noch anzuerkennen brauchen.

Wie Sie schon aus dem ersten Kapitel wissen, gleicht eine Partnerschaft, die aufgrund von Mangel eingegangen wird, mehr einem Handel denn einer Liebesbeziehung und führt früher oder später zu extremem Stress und Überforderungsgefühlen. Doch selbst eine schwierige Beziehung kann sich schnell erholen, wenn es uns gelingt, unser Miteinander konstruktiv zu gestalten.

Weisheitsgeschichte

Ein Junge fragte den Dorfweisen: »Was ist Hingabe, Meister?« Dieser antwortete: »Mach einfach die Augen auf, schau, staune, zeige Interesse. Die Natur macht es dir vor. Hingabe bedeutet Einverstandensein. Schau dir die Pflanzen an – sie wachsen und gedeihen dort, wo der Samen zufällig hinfiel. Wenn wir Menschen nur bereit sind, uns hinzugeben, solange die Dinge so laufen, wie wir sie gerne hätten – wo ist da das Einverstandensein mit dem, was ist?

Unsere Lebenssituation spiegelt genau das, was wir erzeugt haben. Sind wir damit nicht einverstanden, lehnen wir unsere eigene Schöpfung ab. Nehmen wir an, was ist, werden wir reich.«

Wege aus Ablehnung und Widerwillen

Wenn wir uns darin üben, Mitgefühl und Liebe für uns selbst zu empfinden (siehe die Tonglen-Meditation auf Seite 128/129), können wir diese positiven Gefühle nach und nach auch unserem Partner entgegenbringen.

Innere Fülle durch Mitgefühl erlangen

Mitgefühl ist nicht zu verwechseln mit Mitleid. Sind wir mitfühlend, nehmen wir warmherzig, freundlich, aufrichtig und verständnisvoll Anteil an der Gefühlslage und der Situation unseres Partners, ohne uns jedoch sein Leid und seine emotionale Verstrickung zueigenzumachen und mit ihm mitzuleiden (das wäre Mitleid). Wenn wir uns darüber im Klaren sind, wie sich problematische Gefühle und die daraus entstehenden leidvollen Verstrickungen aufbauen, wissen wir auch, was der andere braucht, damit sich diese wieder auflösen können. Wirkliches Mitgefühl geht daher Hand in Hand mit achtsamem Bewusstsein und Weisheit.

Das Beziehungsleben mit Mitgefühl zu gestalten ist allerdings eine besondere Herausforderung – auch unter sogenannten Liebenden! Es ist noch relativ einfach, auf unserem Meditationskissen sitzend Tausende von Menschen in Gedanken zu lieben und ihnen alles Gute zu wünschen. Doch einen einzigen Menschen, unseren Partner, voll und ganz anzunehmen, zu akzeptieren und zu lieben, das stellt sich als schwierig heraus. Jeder Gedanke, jedes Wort und jede Tat birgt jedoch die Möglichkeit in sich, ein Ausdruck der Liebe und des Mitgefühls zu sein. Und gerade hier, mitten im Alltag, im Kontakt mit unserem unperfekten Partner in unserer greifbaren, konkreten Beziehung können wir die Kunst des Liebens sowie Weisheit und echtes Mitgefühl entwickeln.

Sechs Arten, eine mitfühlende Beziehung zu pflegen

In der buddhistischen Schulung gibt es sechs geistige Einstellungen, die uns sehr helfen können, uns über unsere egoistische, ablehnende Haltung hinauszubewegen und mit unserem Partner in liebevollen Kontakt zu treten. Sie werden in Sanskrit »Paramitas« genannt, was übersetzt so viel bedeutet wie »Heilsame Qualitäten« oder »Das, was uns zum anderen Ufer führt«.

Wenn wir sie üben, werden unsere Gewohnheitsmuster erschüttert: Wir brauchen nicht länger festzuhalten, zu verletzen, zu kontrollieren oder ungeduldig Druck auf unseren Partner auszuüben. Konkret sind es die Übungen in Großzügigkeit, Disziplin, Geduld, Begeisterung und Energie, geistiger Sammlung und Weisheit.

Vielleicht stoßen uns diese Begriffe schon beim Lesen unangenehm auf und wir empfinden deutliche Ablehnung. Wir sind es nun mal gewöhnt, kleinlich nachzurechnen, ob der andere auch seinen Teil für die Beziehung beiträgt. Wir lassen uns gehen, weil wir seine Gegenwart als selbstverständlich ansehen. Uns fehlt die Geduld, die immer gleichen Probleme durchzukauen oder seine Eigenheiten weiter zu ertragen. Wir empfinden nur noch Überdruss, da es immer um dieselben Schwierigkeiten geht und wir scheinbar nie vorankommen.

Und wie sollen bitteschön bei all der Wut und Verzweiflung in uns geistige Sammlung, Ruhe und Konzentration zum Tragen kommen? Von Weisheit mal ganz abgesehen … Aus all diesen Gründen ist unsere Beziehung auch das beste Übungsfeld!

Wenn wir etwas nicht wollen, ziehen wir uns auf unsere Ego-Insel zurück, auf der uns niemand mehr erreichen kann. Und hier versauern nicht

6

nur wir, sondern es verkümmert auch unsere Beziehung. Unsere Rückzugstendenzen und unsere Egozentriertheit werden als Gewohnheitsmuster noch mehr gestärkt, und es fällt uns immer schwerer, auf den anderen zuzugehen und wieder Potenzial in die Beziehung einzubringen. Zum Schluss bleibt als Ausweg meist nur die Trennung und dann geht beim nächsten Partner dasselbe Spiel weiter. Dem wirken die sechs Paramitas entgegen.

Die sechs Paramitas ...

→ Durch die Übung in Großzügigkeit erkennen wir, wie sehr wir an etwas anhaften und festhalten.

→ Die Übung in Disziplin fördert unsere Fähigkeit, Abstand von verletzendem Verhalten zu nehmen – zum Beispiel statt herumzuschreien mit klaren Worten die eigenen Gefühle und Wünsche auszudrücken.

→ Geduld schult uns darin, den Entwicklungsprozessen Zeit zu geben und den Mut nicht zu verlieren.

→ Durch Begeisterung und Energie schaffen wir es, bei der Stange zu bleiben, flexibel, neugierig und wach auf Schwierigkeiten einzugehen und somit konstruktive und förderliche Lösungen zu finden.

→ Durch geistige Sammlung bleiben wir konzentriert, bewahren Ruhe und Zentriertheit und verlieren uns nicht in dramatischen Gedankenschleifen und Selbstgesprächen.

→ Durch Weisheit bekommen wir einen umfassenden Blick für die Vorgänge, erkennen, wie die Dinge zusammenhängen, was Leid und was Glück schafft, sehen unsere Verantwortung und können aktiv das Leben und die Beziehung gestalten.

... im Alltag umsetzen

Wie kann das konkret aussehen? Als Anregung habe ich Ihnen ein paar kleine alltägliche Aktivitäten zusammengestellt. Sie können sie natürlich nach Ihren eigenen Vorlieben und Ideen ergänzen.

Ihrer Fantasie sind keine Grenzen gesetzt. Doch es ist eine Sache, ob sie hier in diesem Buch stehen oder ob Sie sie in die Tat umsetzen. Probieren Sie es einfach einmal aus und beginnen Sie mit der Aktivität, die Sie am leichtesten umsetzen können. Nehmen Sie dann nach und nach, Tag für Tag oder Woche für Woche in Ihrem eigenen Tempo und Gusto immer mehr Aktivitäten dazu.

→ Beispiele für Großzügigkeit:
Partner/in mit Kaffee wecken; Versäumnis verzeihen; leckeres Essen kochen; Blumen mitbringen, loben, spontan etwas Liebes sagen; freiwillig den Müll runterbringen; eine Aufgabe übernehmen (entlasten); aufmerksam zuhören; Zeit schenken; Ausflug organisieren; ins Kino einladen; das Auto waschen; mal fünf gerade sein lassen; Rücken kraulen; Streicheleinheiten schenken; verführen …

→ Beispiele für Geduld:
Eine knifflige Aufgabe übernehmen; in langatmigen Erzählungen die Aufmerksamkeit beibehalten; ausreden lassen; Unverstandenes noch mal erklären; in Ärgersituationen die innere Ruhe bewahren; Schwächen des anderen annehmen …

→ Beispiele für Begeisterung und Energie:
Immer wieder freundliche Worte finden; flexibel bleiben; weiter zuhören (auch wenn es schwierig wird); weiter konstruktive Vorschläge bringen, statt zu nörgeln; dem Impuls widerstehen bei Konflikten zu flüchten; jedem destruktiven Gedanken immer wieder einen positiven entgegensetzen …

→ Beispiele für Disziplin:
Hilfe anbieten; bei der Wahrheit bleiben; über den Partner positiv sprechen; sich daran erinnern, was für liebenswerte Züge unser Partner hat; auch bei Kleinigkeiten/gewöhnlichen Dingen öfter mal »Danke!« sagen und somit Wertschätzung zeigen; ruhig bleiben, statt aus der Haut zu fahren; ein »Nein« respektieren, Abmachungen einhalten, auch wenn es Überwindung kostet …

6

→ Beispiele für geistige Sammlung:
  Erst besinnen, dann sprechen; dem Partner vollkommene Aufmerksamkeit schenken; alles, was man tut, mit Achtsamkeit tun; eine Tasse
  oder einen Teller bewusst spülen; öfter am Tag bewusst tief durchat-
  men; langsam und bewusst gehen …

→ Beispiele für Weisheit und Erkenntnis:
  Sich hin und wieder fragen, aus welcher Motivation heraus man
  handelt, und erkennen, welche Folgen dies hat. Bei Ärger, Wut, Angst
  oder Eifersucht bemühen, sich über die Ursache klarzuwerden. Den
  Versuch unternehmen, bereits erkanntes unheilsames Handeln zu
  unterlassen und sich förderlichen Gedanken und Taten zuzuwenden.

Über den eigenen Schatten springen

Es können gerade am Anfang Schwierigkeiten und Widerstände
auftauchen, das ist ganz normal. Denken Sie ans Tanzen. Es ist eine
Übung und braucht Zeit. Ich möchte Sie ermutigen, auf Ihre Widerstände zu achten, denn genau hier macht sich Ihre Abneigung (um die
es ja geht) bemerkbar. Also, jetzt nicht kneifen! Vielleicht denken Sie
»Ich soll ihm jetzt Kaffee ans Bett bringen? Das hat er doch gar nicht
verdient!« oder »Nein, ich will ihm jetzt nicht verzeihen, diesmal bin
wirklich ich im Recht!«.

Begegnen Sie Ihrer Abneigung mit Mitgefühl. Erinnern Sie sich daran, dass
wir alle in unseren Verhaltensmustern gefangen sind und schwer aus
unserer kleinen Ego-Welt herausfinden. Dass wir nur Schmerz anrich-
ten, weil wir uns zu schützen versuchen. Das geht uns allen so, auch
Ihrem Partner. Er kann nicht anders, ist in sich selbst gefangen und, ja,
er leidet! Jeder fühlt den Schmerz des Abgetrenntseins auf seine Weise.
Es ist ein Akt des Mitgefühls, wenn Sie die Entscheidung fällen, über
Ihren Schatten in Richtung Großzügigkeit zu springen. Es wird sich
nur etwas verändern, wenn Sie anders als sonst denken und handeln.
Machen Sie den ersten Schritt – damit neue Muster entstehen.

Die Hoffnung auf Ergebnisse aufgeben

Es mag sein, dass Ihr Partner gar nicht mitkriegt, dass Sie über Ihren Schatten gesprungen sind und wie schwer Ihnen das fiel. Erwarten Sie kein Lob, keinen Dank. Tun Sie es einfach um der Liebe Willen und weil Sie sich entschlossen haben, sich in eine neue, heilsame Richtung zu bewegen und Ihren Teil zu Glück und Liebe auf diesem Planeten beizutragen.

Im Lojong-Geistestraining gibt es einen Merksatz, der uns dabei helfen kann, uns an diese Haltung zu erinnern und sie uns nach und nach zur Gewohnheit werden zu lassen: »Gib alle Hoffnung auf Ergebnisse auf.« Das ist der Kern des Loslassens. Denn solange wir wollen, dass sich etwas ändert, damit es uns besser geht oder unser Partner unsere Großartigkeit lobt, so lange dreht sich weiter nur alles um uns selbst, um unser kleines egobegrenztes Glück.

Wenn wir dagegen alle Hoffnung auf Ergebnisse aufgeben, öffnen wir uns dem momentanen Augenblick, sodass wir die Dinge immer nur um ihrer selbst Willen tun – egal ob das Fegen, Putzen, Lieben oder Arbeiten ist. Wir machen sie ganz bewusst und vollkommen ohne Ablenkung in Achtsamkeit.

Der Weg der Mitte

Statt uns in Spekulationen über eine mögliche rosigere Zukunft zu verstricken (die so garantiert nie eintreten wird) und auf mögliche Ergebnisse zu warten, können wir versuchen, mit offenem Herzen bei uns und der momentanen Situation zu bleiben, ohne dass etwas anders sein soll, als es ist. Es ist echte Großzügigkeit, wahre Liebe, das, was vorhanden ist, wirklich zu würdigen. Diese Einstellung schafft ein Gefühl von Fülle. Alles abzulehnen, mieszumachen oder es anders haben zu wollen als es ist, schafft ein Gefühl von Mangel. Der Bud-

6

dhismus ist der Weg der Mitte und der Ausgewogenheit. Die Dinge haben immer verschiedene Perspektiven. Wenn wir beginnen, aufmerksam auf das zu achten, was jetzt vorhanden ist, unabgelenkt durch Träume und Wunschdenken, können wir die wirkliche Fülle unseres Beziehungslebens erkennen.

Die Kunst des Gebens und Nehmens

So schwer es manchmal ist, zu geben, weil wir alles für uns behalten wollen, so schwer ist es auch, Dinge anzunehmen. Oftmals wehren wir die angebotene Hilfe ab, weil wir nicht wollen, dass sich jemand wegen uns Umstände macht. So schleppen wir märtyrermäßig Tonnen von Lebensmitteln in den fünften Stock oder blocken tröstende Worte von Freunden ab, die mitbekommen, wie traurig wir sind. Eigentlich sehnen wir uns ja nach echter Zuwendung, aber irgendetwas macht uns Angst. »Ich brauche niemanden, ich schaffe das schon alleine«, sagen wir uns vor und wollen unbedingt glauben, dass das stimmt. Würden wir Hilfe annehmen, müssten wir uns nämlich von unserem starken Selbstbild verabschieden und das verunsichert erst einmal sehr.

Ich habe lange gebraucht, bis ich Schwäche zulassen und Hilfe annehmen konnte. Gelernt habe ich es erst durch einen Zusammenbruch, als mir keine andere Wahl mehr blieb. In diesem Moment erlebte ich, wie viel Freude es anderen machte, mich zu unterstützen, und wie unsere gegenseitige Zuneigung und Wertschätzung dadurch wuchs und wuchs. Heute kann ich Hilfe in Anspruch nehmen, tröstende Worte zulassen, mich in einen Arm schmiegen, ohne Angst davor zu haben, meine Eigenständigkeit aufgeben zu müssen. Manchmal lasse ich mir von meinem Partner helfen, weil ich erkannt habe, dass es für ihn ein großes Bedürfnis und Vergnügen ist. Es ist seine Art, mir seine Liebe zu zeigen, indem er mir die Reifen an meinem Auto wechselt, es zur

Inspektion fährt, Glühbirnen austauscht, IKEA-Regale aufbaut oder mich mit einem geputzten Auto überrascht. Mitgefühl bedeutet auch, zuzulassen, dass andere dem Bedürfnis nachkommen können, ihre Liebe und Verbundenheit uns gegenüber auszudrücken. Es ist leicht zu sagen: »Mein Partner liebt mich nicht, denn er tut ja nichts für mich.« Wenn Sie diesen Ausspruch von sich selbst kennen, fragen Sie sich: Wie groß ist mein Anteil daran? Lasse ich es vielleicht gar nicht zu? Schauen Sie wirklich genau hin, denn allzu schnell decken wir unsere eigentlichen Motive mit der blütenweißen Weste des Verdrängens und mit Schuldzuweisungen zu.

Übung in liebender Güte: Tonglen

Zum Abschluss dieses Buches möchte ich Ihnen eine erweiterte Form der Tonglen-Meditation vorstellen, die Sie schon von Seite 128/129 her kennen. Diesmal richten Sie Ihren Fokus auf Ihren Partner und seine Schwierigkeiten. Gerade in Krisenzeiten ist die Tonglen-Meditation enorm hilfreich und weicht verhärtete Fronten auf. Es können zwar während der Übung Widerstände auftauchen, alles so anzunehmen, wie es ist. Doch auch diese können Sie in Ihr offenes Herz einatmen und sich erlauben, Ihren Partner mitsamt seinen Gefühlen vollkommen anzunehmen.

Wenn Sie nicht gemeinsam mit Ihrem Partner meditieren können, etwa weil er kein Interesse daran hat, wirkt die Übung trotzdem. Er braucht noch nicht einmal davon zu wissen. Üben Sie dann einfach für sich alleine und beziehen ihn nur über Ihre Vorstellung mit ein.

Wenn Sie zu zweit üben, nehmen Sie sich dafür etwa eine halbe Stunde Zeit, setzen Sie sich einander gegenüber und führen Sie die Meditation parallel durch. Wenn Sie mögen, tauschen Sie sich danach über Ihre Erfahrungen aus. Die besten Erfolge werden sich einstellen, wenn Sie diese Übung täglich ausführen.

6

Tonglen-Meditation mit dem Partner

Setzen Sie sich einander gegenüber, lassen Sie Ihren Atem fließen und richten Sie Ihre Aufmerksamkeit auf Ihre Herzgegend.

→ Spüren Sie den Raum um Ihr Herz herum und lassen Sie ihn weit und offen werden, ohne jegliche Begrenzung. Stellen Sie sich vor, dass dieser Herzraum von warmem Sonnenlicht durchflutet wird, das immer heller, klarer und strahlender wird. Ihr Atem fließt weiterhin ruhig ein und aus.

→ Lassen Sie nun in Ihrer Vorstellung das Gesicht Ihres Partners auftauchen oder schauen Sie ihn direkt an. Fragen Sie sich, was er wohl gerade fühlen mag. Ist er traurig, fühlt er sich genauso alleine wie Sie? Nehmen Sie Kontakt auf zu dem, was Sie spüren. Es muss kein starkes Gefühl sein, eine zarte Ahnung reicht vollkommen.

→ Stellen Sie sich nun vor, dass seine Schmerzen und Schwierigkeiten mit dem Einatmen in Ihr Herz strömen und dort ganz und gar aufgenommen werden. Ihr Herzensraum ist vollkommen bewertungsfrei, liebevoll und voller Mitgefühl und Wärme. Was auch immer kommen mag, alles wird angenommen und löst sich darin vollständig auf.

→ Nachdem sich alles vollkommen in der Weite Ihres Herzens aufgelöst hat, lassen Sie mit dem Ausatmen Licht aus Ihrem Herzen strömen und hüllen Ihren Partner damit ein. Stellen Sie sich vor, wie dieses Licht all das beinhaltet, was Ihr Partner sich zutiefst wünscht. Mit jedem Ausatmen lassen Sie ihm immer mehr von dem zufließen, was er braucht, um glücklich zu sein. Auch wenn Sie nicht wissen, was der andere sich wünscht, können Sie darauf vertrauen, dass das Licht auch so all das beinhaltet, was gebraucht wird.

→ Beenden Sie die Meditation, wenn Sie das Gefühl haben, dass der Prozess für diesen Moment abgeschlossen ist. Sitzen Sie noch für ein paar Minuten einfach in Stille miteinander da und wünschen Sie allen Lebewesen Glück und Wohlergehen (siehe auch »Brahmaviharas« auf der folgenden Seite).

Die Kraft der inneren Einstellung

Nun sind wir am Ende dieses Buches angekommen und das eine oder andere ist Ihnen vielleicht etwas klarer geworden. Wie geht es Ihnen jetzt? Was nehmen Sie für sich mit? Setzen Sie sich eine Weile an einen ruhigen Ort und schreiben Sie Ihre abschließenden Gedanken in Ihr Notizbuch. Was hat sich in Ihnen verändert, während Sie gelesen und geübt haben? Was hat sich in Ihrer Beziehung verändert?

Ich möchte Sie ermutigen, das Buch ruhig noch einmal zu lesen. Vieles, was Ihnen am Anfang vielleicht neu war, wird bei wiederholtem Lesen nun auf einen fruchtbaren Boden fallen und noch tiefer von Ihnen verstanden werden. Nehmen Sie sich jeden Tag ein paar Minuten Zeit, achtsam nach innen zu horchen und Ihre Gedanken und Einstellungen zu überprüfen. Üben Sie vor allem die Meditation kontinuierlich weiter. Manchmal wird vielleicht die Tonglen-Meditation besser passen, manchmal die Atemmeditation. Wichtig ist, dass Sie regelmäßig in Stille sitzen und bei sich sind. So werden Sie mit den Herausforderungen des Beziehungsalltags immer leichter und angemessener umgehen können.

Ich hoffe, Sie konnten sich selbst, Ihrem Partner und Ihrem Glück etwas näher kommen. Ich wünsche es Ihnen jedenfalls. In diesem Sinne:

»Mögen Sie und alle anderen Lebewesen glücklich sein und die Ursachen des Glücks besitzen.
Mögen Sie und alle anderen frei von Leid und dessen Ursachen sein,
mögen Sie alle niemals von der wahren,
leidfreien Freude getrennt sein und
mögen Sie alle frei von Anhaften
und Ablehnen in großem Gleichmut verweilen.«

(Die vier unermesslichen Wünsche genannt »Brahmaviharas«)

Bücher und Adressen, die weiterhelfen

Bücher

Chödrön, Pema, **Tonglen: Der tibetische Weg mit sich selbst und anderen Freundschaft zu schließen;** Arbor-Verlag

Chödrön, Pema, **Suche die Freude: Durch Lojong-Übungen Mitgefühl und Furchtlosigkeit entwickeln;** Goldmann-Verlag

Daiker, Ilona, **Gelassen wie ein Buddha. Meditationen und Achtsamkeitsübungen für 52 Wochen;** GRÄFE UND UNZER VERLAG

Fromm, Erich, **Die Kunst des Liebens;** Heyne Verlag

Gunaratana, Mahathera H., **Die Praxis der Achtsamkeit;** Kristkeitz Verlag

Kabat-Zinn, Jon, **Gesund durch Meditation. Das große Buch der Selbstheilung;** Fischer Verlag

Mannschatz, Marie, **Buddhas Anleitung zum Glücklichsein;** GRÄFE UND UNZER VERLAG

Rinpoche, Gendün, **Herzensunterweisungen eines Mahamudra-Meisters;** Theseus Verlag

Santorelli, Saki, **Zerbrochen und doch ganz. Die heilende Kraft der Achtsamkeit;** Arbor Verlag

Schneider, Maren, **Der Weg der Achtsamkeit. Bewusstheit und Meditation im täglichen Leben;** Knaur Verlag

Schneider, Maren, **Der kleine buddhistische Krisenmanager;** Knaur Verlag

Trungpa, Chögyam, **Erziehung des Herzens. Lojong-Geistestraining;** Arbor-Verlag

Wetzel, Sylvia, **Hoch wie der Himmel, tief wie die Erde. Meditationen zu Liebe, Beziehungen und Arbeit;** Dtv-Verlag

Adressen und Links Deutschland

Achtsamkeitstraining, Achtsamkeitsmeditation und buddhistische Praxis:

Deutsche Buddhistische Union, Amalienstr. 71, 80799 München, www.dharma.de

MBSR/MBCT-Verband, Muthesiusstr. 6, 12163 Berlin, www.mbsr-verband.org: *Adressen von MBSR- und MBCT-Lehrern, die Achtsamkeitstraining unterrichten, in Deutschland, Österreich und der Schweiz*

Arbor Verlag, Verlagsbüro Freiburg, Zechenweg 4, 79111 Freiburg, *www.arbor-verlag.de: bietet Liste von MBSR-/MBCT-LehrerInnen und Literatur zum Thema Achtsamkeit und Meditation*

Meditationsbedarf/Sitzkissen/Sitzbänke

Bausinger GmbH;
Gottlieb Daimler-Str. 2–12,
72479 Straßberg,
www.bausinger.de

Klang&Stille GmbH,
Rosenauweg 22,
91346 Markt Wiesenttal-Muggendorf,
www.klang-stille.de

Meditationszentren

Benediktushof, Klosterstr. 10,
97292 Holzkirchen,
www.benediktushof-holzkirchen.de

Buddha-Haus, Uttenbühl 5,
87466 Oy-Mittelberg,
www.buddha-haus.de

Seminarhaus Engl, Engl 1,
84339 Unterdietfurt,
www.seminarhaus-engl.de

Haus der Stille, Mühlenweg
20, 21514 Roseburg,
www.hausderstille.org

Dharmazentrum Möhra,
Hofmannshöhe 1,
36433 Moorgrund-Möhra,
www.dharmazentrum-moehra.de

Adressen und Links Österreich

Österreichische Buddhistische Religionsgesellschaft,
Fleischmarkt 16, 1010 Wien,
www.buddhismus-austria.at

Buddhistisches Meditations-Zentrum Scheibbs, Ginselberg 12, 3270 Scheibbs/
Neustift, www.bzs.at

Ursache & Wirkung
Buddhistische Zeitschrift,
Heinestr. 14/8, 1020 Wien,
www.ursache.at

Adressen und Links Schweiz

Schweizerische
Buddhistische Union,
Kontakt: Dr. Martin Kalff,
Hinterzünen 8,
8702 Zollikon,
www.sbu.net,
*Dachverband der Buddhisten
und buddhistischen Gemeinschaften in der Schweiz*

Meditationszentrum
Beatenberg,
3803 Waldegg-Beatenberg,
www.karuna.ch

Seminare, Coaching und Therapie mit der Autorin

Institut für Achtsamkeit
Düsseldorf
Maren Schneider
Bahlenstr. 42
40589 Düsseldorf
www.mbsr.duesseldorf.de

Register

A

Ablehnung 11, 44, 58 f., 93, 125, 130, 142 ff., 146 ff.
Achtsamkeit 17 f., 25 ff., 35, 39, 48, 66, 78 ff., 83, 102, 112, 135, 137 f., 150 f.
– schulen 56
Achtsamkeitsmeditation 49 f.
– auf den Atem 50 f.
– auf die Gedanken 134 f.
Aggression 19, 59, 109 ff.
Aktivitäten 149
– eigene entwickeln 84 f.
– gemeinsame entwickeln 82, 85
Akzeptanz 27 f., 35, 44 f., 46, 48
Anfängergeist 79
Angst 12, 19 f., 23, 37 f., 43, 54, 56, 58, 60, 64, 67, 76 f., 81, 116, 120, 123, 125, 131, 137, 150, 152
Anhaftung 11, 22, 24, 94, 98 ff., 109, 124, 131
Aufmerksamkeit 25 ff., 34, 43 f. 50 f., 54, 115, 134 f., 137, 150
Auszeiten 57 ff.

B

Bedürfnisse 9, 30, 58 ff., 60 f., 64, 69, 81, 93, 115 f., 119, 120
Bedürftigkeit, eigene 22
Begeisterung 78, 81, 86 147 ff.
Besitzanspruch 12, 20, 23, 124 f.
Bewusstsein, achtsames 146
Beziehungskiller 136
Beziehungsmanagement, buddhistisches 102
Beziehungsprobleme, typische 17, 96 ff.
Buddha 9, 15 f., 42, 86, 93, 107, 112, 126, 144

Buddhanatur 47, 127, 138 f.
Buddhismus 9, 13, 15 f., 17, 19, 24, 35, 42, 47, 65, 99 f., 105, 111, 126, 131, 151 f.

D / E

Depression 77, 126
Disziplin üben 147 ff.
Drama 12, 27, 36, 39, 67, 104
Ego 75, 107, 119
Egoismus 13, 69, 126, 147, 150
Egozentriertheit 19, 64, 140
Eifersucht 12, 36, 38, 47, 64, 96, 116, 123 ff., 127 ff., 130, 132, 150
Einstellungen, sechs geistige 147
Enttäuschung 43, 66, 71
Erwartungen 96 ff.

F / G

Forschergeist 79 f.
Frieden mit sich selbst schließen 100 ff.
Gedankenprozesse 133
Gedankenregungen 132 f.
Geduld 16, 65, 67, 71, 87
– üben 147 ff.
Gefühle 12, 37, 95, 116 f., 118
Gefühlsregungen, Bewusstsein für 113
Geistestraining, buddhistisches 18, 65
Gelassenheit, buddhistische 28 f.
Gewissen, schlechtes 57, 60
Gewohnheiten 72, 76 ff.
Gewohnheitsmuster erschüttern 147
Glück 15 f., 18, 72, 83 f., 88, 93, 98 f., 113, 126, 133, 135, 140, 144, 151
– Hindernisse des 10 ff., 42

– Schlüssel zum 131
– Suche nach 9 ff., 52, 54, 56, 69
Großzügigkeit 35, 42 ff., 63, 102, 106, 110, 136, 140 f., 147 ff., 150 f.
Gummibandsyndrom 55, 62

H / I

Herkunftsfamilie 116
Herschenken üben 107 f.
Hindernisse, fünf geistige 10 f., 15, 17
Ich-Position 115, 122
Identität 13 f.

K

Kinder 9 f., 13, 21, 23, 26 f., 47, 57, 61, 84, 89, 98, 100, 106, 108, 136
Kindheitstrauma 47
Kommunikation 112 ff.
Kommunikationsmuster, indirektes 117
Kommunikationsregeln 105, 115
Konfliktbewältigung 119 ff.
Konfliktsituationen, Umgang mit 116 ff., 121
Konkurrenzkämpfe 136
Kontrollsucht 35 ff.
Kontrollverlust 43, 76 f.
Körperempfindungen wahrnehmen 36 f.
Körperhaltung 49

L

Langeweile 76 ff.
Liebe 13, 16, 23 ff., 25, 35, 79, 88 f., 93 f., 113, 123, 125 f., 130, 139 f., 151 f., 153
– kultivieren 67, 142 ff.
Liebeshandel 22 f.

Lojong-Geistestraining
140 f., 151
Lonjong-Praxis 65 ff.
Loslassen 68 ff., 102 ff.,
130 f.

M
Machtspiele 96, 136 f.
Meditation 5 f., 12, 17 f., 28
ff., 45, 48 ff., 50, 61, 71,
100, 105, 108
– auf den Atem 50 f., 104
– Tonglen 127 ff., 146, 153 f.
Meditationshaltungen 49
Minderwertigkeitsgefühle
124 f., 126, 137
Missverständnisse 109 ff.,
114, 117
Mitgefühl 9, 13, 16, 42, 65,
67, 127, 138, 140, 150, 153
– kultivieren 142 f.

N / O
Neugier 72, 79 f., 87
Offenheit 28, 72, 87, 133
Opfer, sich fühlen als 39, 74
Opferrolle 39

P / R
Paarbeziehung, Überfrach-
tung der 98 f.
Paramitas, heilsame Quali-
täten 147 ff.
Partner, perfekter 9, 97
Psychologie, buddhistische
10 f., 35, 90
Reaktionskreislauf 111
Rückzugszeiten 61 f.

S
Sammlung, geistige 147 ff.
Schmerz 43, 109, 112, 127,
133, 139, f., 150
Schwäche zulassen 152
Schweinehund, innerer 74,
87

Selbst 13 ff.
Selbstachtung 60
Selbstbeobachtung 104, 137
Selbstbezogenheit 13, 15 f.
Selbstgespräche 27, 37, 41,
127, 148
Selbstliebe 126, 131
Selbstvertrauen 35, 47
Selbstvorwürfe 124
Selbstwahrnehmung 64
Selbstwertgefühl 136
Selbstzweifel 38
Sex 30, 80, 92, 108
Sicherheit, klammern an
130
Sinnlichkeit, fehlende 76
Spontaneität 62 f.
Sprache, achtsame 112 ff.
Stolz 136 ff.
Streit 96, 119, 123
Symbiose, Wunsch nach 98

T / U
Tod 133
Tonglen-Meditation 127 ff.,
153 f., 155
– für sich selbst 128 f., 146
– mit dem Partner 154
Trägheit 11, 72, 74 f., 78
Trennungserfahrung 47
Überheblichkeit 136 f.
Unabhängigkeit 102, 126,
131
Unruhe 11, 52 ff., 64

V
Veränderung 10, 74 ff.
Verantwortung 9, 39 ff., 75,
87
Vergänglichkeit 10. 106, 130
Verhaltensmuster 74, 81
Verlangen 11, 90 ff., 103
Verletzungen 119
Verlustangst 12, 36, 86, 106,
124, 131
Verlusterlebnisse 47
Verschenken 105 ff.

Vertrauen 112 f., 117
– entwickeln 32 ff., 47
Vertrauenskrise 34
Vertrauensvorschuss 42

W / Z
Wahrnehmung 18 f., 26, 41,
44, 71, 92, 138
– eigene erschaffen 19, 41,
111, 145
– eigene hinterfragen 145
Warnsignale erkennen 103 f.
Wettstreit 137 ff., 141
Widerwille 142, 146
Wirklichkeit 15, 38
– eigene kreieren 19
– freudlose schaffen 144
Wut 12, 37 f., 49, 56, 64, 67,
71, 98, 109, 116, 123,
130 f., 147, 150
Zeit, gemeinsame planen
62 ff.
Ziele setzten 87 f.
Zweifel 11, 32 ff., 38, 77

Impressum

© 2010 GRÄFE UND UNZER VERLAG GmbH, München.
Alle Rechte vorbehalten. Nachdruck, auch auszugsweise, sowie Verbreitung durch Bild, Funk, Fernsehen, Internet, durch fotomechanische Wiedergabe, Tonträger und Datenverarbeitungssysteme jeder Art nur mit schriftlicher Genehmigung des Verlages.

Projektleitung
Ilona Daiker

Lektorat
Angela Hermann-Heene

Bildredaktion
Henrike Schechter

Covergestaltung
independent Medien-Design, München

Innenlayout
independent Medien-Design, München

Satz und Gestaltung
abavo GmbH, Buchloe

Herstellung
Susanne Mühldorfer

Litho
Longo AG, Bozen

Druck und Bindung
Druckhaus Kaufmann, Lahr

ISBN 978-3-8338-1774-8
1. Auflage 2010

Bildnachweis
Corbis: Seite 53, 91; Getty: Seite 33, 73, 143; Look: Seite 7

Syndication
www.jalag-syndication.de

GRÄFE UND UNZER

Ein Unternehmen der
GANSKE VERLAGSGRUPPE

Unsere Garantie

Liebe Leserin und lieber Leser,